ECOLOGÍA CINEGÉTICA APLICADA

MONTOYA OLIVER, José Miguel
Dr. Ingeniero de Montes (U.P.M.)

© José Miguel Montoya Oliver

ISBN-9798388520722

Independently published

Portada: José Miguel Montoya Mesón

Cita: Montoya Oliver, José Miguel 2023. *Ecología cinegética aplicada*. Madrid. Independently published. ISBN-9798388520722 (pp. 1-250).

Palabras clave: caza, ODS 15, sostenibilidad, desarrollo, sociología, economía, gestión.

ÍNDICE

0. PRESENTACIÓN

El qué y el para qué

Este no es un libro de fácil lectura ¡Qué le vamos a hacer! Es un texto de Ingeniería, de Ingeniería de la sostenibilidad aplicada a la Ecología de la caza (¿O al revés?). No se imagine pues a usted mismo, amigo lector, hecho un marqués con su copita de Jerez, leyendo relajadamente en su sillón de orejas ante la cálida y acogedora chimenea de su pabellón de caza. Piense más bien en un joven alumno de Ingeniería, cabreado por tener que examinarse de todas estas cuestiones tan retorcidas: sillita, ordenador, folios… y lápiz mejor que bolígrafo, porque tendrá que hacer múltiples observaciones y tachaduras; bienvenidas sean todas ellas pues, gracias a las nuevas tecnologías de edición, este es un "libro blanco" abierto a incorporar cualquier observación, aportación, sugerencia o crítica constructiva posterior. Anímese, participe.

Sin embargo, tal vez algo sí podría llegar a compensarle: el poder conocer y debatir sobre la Ecología cinegética aplicada como la ciencia de las *potencialidades y oportunidades* que es, y no como la fanática "religión" de *limitaciones y prohibiciones* que pretenden algunos y que enarbolan siempre los colectivos anticaza. Conseguir ver a la Ingeniería cinegética como una verdadera Tecnología, es esencial para tratar de contribuir a alcanzar la imprescindible y urgente conciliación moral entre la Naturaleza y el Hombre: el objetivo de supervivencia. Vamos, que con un poco de suerte y un mucho de esfuerzo, con su estudio, tal vez podría dejar en el más flagrante ridículo intelectual a cualquier furibundo anticaza… ¡Tila para ellos, que calma y es flor muy sana!

El *Saber es hacer*, pero sobre todo es grande en sí mismo. Siéntase pues como un marqués de los de antes, conduciendo a sus mesnadas a la lucha: pase al contraataque sin complejo alguno, porque son pocos e ignorantes; esto sí: humo y ruido todo ¡Qué pelmazos! (Ussía 1988).

Tiene usted la ocasión de aprovecharse de más de 50 años de escopeta y perro por delante, y de más de 50 años de dedicación profesional a la Naturaleza y a sus múltiples valores, usos y recursos: medio siglo de felicidad por los campos y montes de la España rural, 50 años de deuda personal con el campo y sus cosas; con la CAZA, y con todo su hermoso y fraternal mundo.

¿Cuáles son los objetivos de este trabajo?

1º/*Paradigmas*. Modificar el actual paradigma cinegético[1], proponiendo un modelo general alternativo para el manejo de la caza, compuesto por un protocolo global[2] (FIGURA 1) y un algoritmo local[3] (FIGURA 2).

2º/*Fundamento*. Una vez desarrollado dicho modelo general (protocolo y algoritmo), aplicable al manejo de cualquier espacio más o menos natural (oceánico o continental, terrestre o acuático, protegido o no) y a todos los posibles valores, usos y recursos presentes en cada uno de ellos, su aplicación puede

---

[1] *Se entiende por paradigma al "conjunto de los conceptos, valores, técnicas y procedimientos compartidos por una comunidad científica, en un momento histórico determinado, para definir problemas y buscar soluciones" (González 2005). Sí, pero... ¿Qué comunidad científica? Porque en cada materia puede y suele ser más de una. ¿Por qué el monolitismo en materia de ciencia? ¿Por qué una sola comunidad científica en materia de caza, por qué un paradigma rígido, único e inamovible... ¿Y si lo movemos...?*

[2] *Consideraremos aquí que, a efectos de manejo cinegético (que aúna la ordenación y la gestión cinegética), el protocolo es a un tiempo técnico (proyecto y obra) y científico (investigación heurística): un plan de actuaciones en el que se describen los grandes pasos (o estadios) a seguir. Montoya 2022b.*

[3] *Forman un algoritmo los pasos establecidos para resolver un problema cualquiera, no necesariamente numérico. Todo algoritmo numérico, cinegético o no, tiene tres componentes: los datos de entrada (toma de datos), el proceso a seguir a partir de los mismos (itinerario de cálculo en este caso), y los resultados a lograr (propuesta de las soluciones cinegéticas a ensayar técnica y heurísticamente).*

realizarse de forma más o menos integrada o simplemente sectorial. Se trata ahora de aplicarlo sectorialmente al manejo de los cotos de caza[4]: esos perímetros espaciales que delimitan esas claras unidades de manejo cinegético que, bajo la responsabilidad legal y la interesada participación de un titular concreto, recubren casi toda España.

3º/*Unicidad.* La caza aquí es solo un ejemplo, que usaremos para demostrar que cualquier otro manejo, sectorial o integrado, (bosques, pastaderos, pesca marina o continental, productos de recogida, usos recreativos, conservación de clima, suelos o biodiversidad…) puede abordarse de igual manera; porque en la Naturaleza los ecosistemas[5] y los agrobiosistemas[6] forman un todo único, regido por unos principios comunes.

4º/*Sostenibilidad.* La genuina sostenibilidad del manejo de cualquier espacio natural (cinegético o no) exige la conciliación y compatibilización entre todos sus aspectos ambientales: lo social-cultural, lo ecológico-ecocultural, y la economía vista desde una perspectiva natural[7]. En este libro nos concentraremos en lo ecológico-cultural: en la ecología aplicada a la caza, vista desde la perspectiva de su manejo racional.

¿Puede ser útil este trabajo? ¿Por qué este esfuerzo?

Ninguna cosa tiene valor alguno cuando no se conoce. Porque la Ecología cinegética aplicada al manejo es una ciencia bastante

---

[4] Usaremos el término "coto" por sencillez, pero es obvio que no todos los espacios que deban someterse a manejo cinegético son verdaderos "cotos de caza" desde la perspectiva legal.

[5] "Unidad de vida autónoma" de Allué-Andrade (Comunicación personal).

[6] "El sistema ecológico intervenido por el Hombre y sus animales" de Montserrat 1972.

[7] Algo que no se opone a la economía de mercado, pero que sí suele colisionar con sus actuales aplicaciones a los ambientes más o menos naturales.

desconocida, probablemente este libro vale poco, o nada ¿Por qué escribirlo entonces? ¿Por qué abordar ahora este duro y probablemente estéril trabajo que nadie demanda?

1º/*Paradigma*. Para contribuir a modificar el paradigma cinegético actual (actualizarlo), porque la realidad de campo demuestra que no funciona; aunque la mayoría de la autodenominada "comunidad científica", desde una perspectiva monolítica y científicamente regresiva, prefiera persistir en el error: estirar el chicle para seguir haciendo lo de siempre; esto sí: en revistas científicas de impacto, que son las que nutren los siempre eutróficos y humeantes currículos universitarios.

2º/*Investigación*. Porque investigar es *"desarrollar el instinto de buscar y disfrutar del placer de encontrar"*; algo a lo que personalmente ni queremos ni podemos renunciar; porque, como ya hemos dicho, estamos en deuda con la caza y su mundo y, además, por las razones propias del Tamarindo: *"quien planta tamarindos no recoge tamarindos"*. Ni falta que le hace. Lo hace porque la tierra es suya y porque quiere (por no decirlo de forma mucho más clara y rotunda). Otros se los comerán, o no, pero a nosotros nos basta con disfrutar plantándolos.

3º/*Informatización*. La complejidad real del manejo cinegético es tal que ningún avance en los conocimientos técnicos o científicos tendría utilidad alguna al margen de una informatización plena. *¿Para qué sirve el conocimiento si no es para tener un efecto en el mundo, de modo directo o indirecto?* (Common Ground Research Networks 2022). Desde hace años hemos elaborado, propuesto y aplicado esta informatización para la caza mayor y menor (¡y funciona!); pero cuantos la han conocido e incluso aplicado en campo, nos han señalado que, en paralelo a la misma, habría que publicar, difundir y divulgar, sus porqués y sus cómo. En ello estamos ahora: rindiendo cuentas, explicando los porqués y los cómo del no poder seguir haciendo las cosas como hasta hoy; porque lo que se hace está mal hecho.

Figura 1. Protocolo global

PROGRAMACIÓN	Estadio 1º **PROYECTO DE ORDENACIÓN CINEGÉTICA DE UN COTO DE CAZA**
	Documento 1. **MEMORIA** (EN FORMATO ACORDE CON EL ALGORITMO)
	Documento 2. **ANEXOS** (INCLUIDO ALGORITMO DE DISEÑO Y CÁLCULO ESTRUCTURAL)
	Documento 3. **PLANOS**
	Documento 4. **PLIEGOS DE CONDICIONES TÉCNICAS PARTICULARES**
	Documento 5. **MEDICIONES**
	Documento 6. **PRESUPUESTOS** (FONDOS REFERENCIALES EN CUANTÍA Y DISTRIBUCIÓN)
GESTIÓN	Estadio 2º **APLICACIÓN** (PROYECTOS DE PLANES ANUALES Y EJECUCIÓN DE ACTUACIONES)
	Estadio 3º **SUPERVISIÓN** (INTERNA O EXTERNA SEGÚN CASOS)
	Estadio 4º **CONTROL** (MEMORIAS ANUALES DE EJECUCIÓN REAL)
	Estadio 5º **SEGUIMIENTO** (REVISIONES DE PROYECTO)

El protocolo global es común para la ordenación del manejo cinegético sostenible (lo técnico) y para la investigación cinegética heurística implícita sobre el manejo de la caza (lo científico).

Figura 2. Algoritmo local

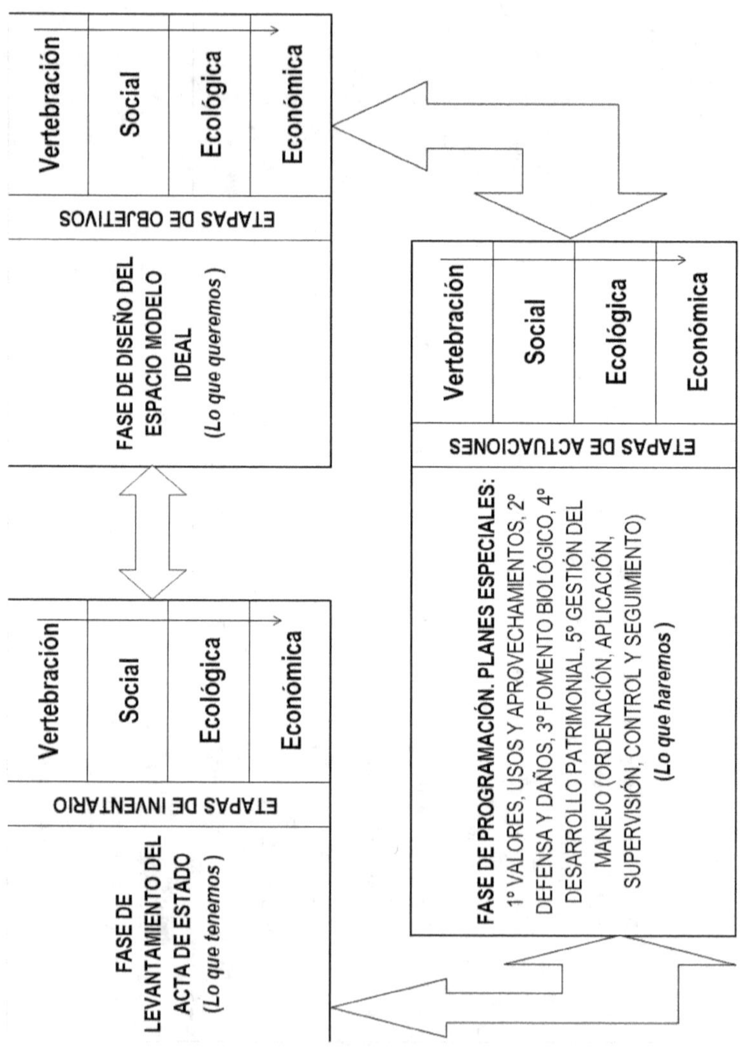

El algoritmo local para el diseño y cálculo de sostenibilidad de las estructuras ambientales es propio de cada coto de caza, pero su aplicación es común e igual para todos ellos.

1. ECOSISTÉMICA

Modelo explicativo

Entendemos por ecosistémica al estudio de la vida y la muerte en los medios naturales. En otras palabras, a la ciencia que estudia los *procesos de perturbación* que actúan en los medios más o menos naturales (oceánicos o continentales, terrestres o acuáticos, protegidos o no), tanto sobre los animales como sobre los vegetales o los hongos; es decir: sobre las biocenosis y sus componentes, sobre todos los seres vivos.

Para fundamentar ecológicamente el manejo cinegético sostenible de los cotos, que es a lo que ahora aspiramos, es preciso adoptar una perspectiva ecosistémica integral sobre todos los numerosos y distintos procesos de perturbación que pudieran llegar a afectar a la caza: a los animales de caza por supuesto, pero también a todo su amplio entorno ambiental global (biológico o no).

El modelo explicativo de los procesos de perturbación (FIGURA 3) que establecimos a partir de nuestros estudios sobre la tan mal llamada *seca de los Quercus*[8] (Montoya 1991, Mesón y Montoya 1993, Ministerio de Medio Ambiente 2004), y que generalizamos posteriormente para todos los demás seres vivos (Montoya 2020b, Montoya 2022b), no propone los tres tipos de *factores sanitarios* tradicionales propios de la medicina y la veterinaria (predisposición, desencadenantes y ejecutores), aplicados también por Manion 1991 al caso del arbolado; sino cuatro *factores ecosistémicos* (predisposición, detonadores, catalizadores y ejecutores), tras dividir a los desencadenantes tradicionales en dos:

---

[8] *Decimos "mal llamada", porque no afecta solo a los Quercus (encina, alcornoque...), sino a todos los seres vivos, vegetales o animales, el Hombre incluido.*

detonadores (aleatorios o de azar) y catalizadores (permanentes o a la espera).

Esta subdivisión es obligada, porque sin ella resultarían difícilmente interpretables los procesos de perturbación que en el medio natural afectan a aquellos individuos y poblaciones no tan ubiquistas[9] como el Hombre y sus principales animales domésticos. Nosotros, los humanos, ni mucho menos somos la única especie del Planeta, y nuestros animales, más o menos domésticos, son tan solo son una mínima parte de la fauna global.

Para los cazadores de hoy día, puede resultar un curioso ejercicio mental el analizar, desde esta perspectiva ecosistémica, los procesos de resistencia, decaimiento, muerte y progresiva inmunización natural del conejo de monte habidos en España en las últimas décadas (Montoya 2004, Montoya 2008, Montoya y Mesón 2010) respecto a sus dos virus más dañinos: el de la ya clásica "mixomatosis" y el de la relativamente más reciente "vírica" (NHV ó EHC: la enfermedad hemorrágica del conejo).

También puede resultar interesante para cualquiera (cazador o no) el jugar a "experto", hasta encontrar los paralelismos ecosistémicos con la última pandemia del coronavirus que ha padecido la Humanidad, o bien con otras siniestras "pestes" del pasado ya decaídas, como la peste negra o la viruela.

Si quieren ponerse tremendos, hasta pueden entretenerse también en reflexionar, desde esta misma perspectiva ecosistémica común, sobre el porqué, para qué, y cómo será su propia muerte: la utilidad planetaria del morir, de morirnos; después de todo, la vida y la

---

[9] *El término ubiquista se aplica a las especies que viven en medios ecológicos muy diferentes entre sí.*

muerte son solo dos caras de una misma moneda. ¿Quién fue antes la gallina o el huevo? ¿La vida o la muerte?

Todos los seres vivos, incluido el Hombre, decaen o mueren por la presencia de los mencionados cuatro factores ecosistémicos, siempre diversos y muy complejos internamente, interactivos entre sí, y actuando en cada caso particular cada uno de ellos con mayor o menor intensidad y convergiendo más o menos entre sí (todos, algunos, o en casos extremos tan solo uno). Los describiremos brevemente a continuación:

1º/*Factores de predisposición (individuales o poblacionales).* Determinan quiénes decaerán, enfermarán, e incluso morirán, más probablemente, en cada lugar y momento, ante un factor ejecutor posterior cualquiera. Individuos aislados, e incluso poblaciones más o menos completas, predispuestos a padecer procesos de perturbación por razones diversas: sensibilidad de su especie allí y entonces, densidad total y poblacional de los censos presentes, pirámide poblacional local (sexos, edades, dimensiones...) y condiciones propias de cada individuo, tales como genética, vigor, calidad, dominancia o subordinación relativas, vitalidad (salubridad, edad, daños previos más o menos cronificados, y efectos de cualquier otro proceso de perturbación precedente o latente).

2º/*Factores detonadores (aleatorios).* Generan y agrupan en olas, los decaimientos, enfermedades y mortalidades. Determinan cómo decaerán o morirán los individuos e incluso en mayor o menor grado las poblaciones, tras la aparición de azares de diversos tipos[10]: meteorológicos (extremos y oscilaciones de mayor o menor frecuencia, cambios climáticos...) u otros

---

[10] *Esos azares que, tarde o temprano y con mayor o menor frecuencia, terminan apareciendo siempre en la Naturaleza.*

(mutaciones genéticas, llegada de nuevas especies, virus, plagas y enfermedades exóticas, polución…).

3º/*Factores catalizadores (permanentes)*. Son factores "a la espera", no aleatorios o azarosos como los detonadores, sino permanentes. Multiplican el riesgo de decaer o morir en lugares y momentos concretos. Determinan dónde y cuándo decaerán o morirán más frecuentemente los individuos y sus poblaciones. Típicamente por las condiciones propias de su entorno natural (alimentación, agua, suelos, relieve, orientaciones…) y por la fenología de su propia especie y del resto de su biocenosis, de sus enfermedades y plagas en particular, aunque no solo de estas. La relevancia de estos factores catalizadores no suele detectarse, hasta que actúan los dos tipos de factores precedentes (predisposición y detonadores). En otras palabras: suele detectarse tarde y solo tras una lectura ecológica de campo experta, diríamos "fina": tratando de entender lo que se ve.

4º/*Factores ejecutores (bióticos y abióticos)*. Por los efectos acumulativos, y más o menos interactivos o combinados entre sí de los tres tipos de factores ecosistémicos anteriores, siempre cabe hablar de la existencia de una mayor o menor *tensión de perturbación*, más o menos latente, que para los individuos como para las poblaciones cinegéticas (u otras cualesquiera animales o vegetales), facilitará la mayor o menor actuación posterior de estos factores ejecutores.

Los factores ejecutores son los diferentes agentes, más o menos naturales o antrópicos[11] que, solos o combinados entre sí, y una vez superada la homeostasis natural de los individuos (su inercia o tendencia a seguir "igual"), podrán causar su decaimiento y su posible restablecimiento posterior individual (resiliencia), y en

---

[11] *Lo antrópico incluye la acción del Hombre y la de sus animales.*

el límite la muerte de los seres vivos (resistencia). Es decir: estados de salud, enfermedad y muerte.

Los factores ejecutores centralizan el interés sanitario y forense. Serán los que finalmente actúen; pero usualmente en colaboración con alguno o algunos de los tres tipos de factores anteriores, sobre todo en el caso de los llamados agentes de debilidad o equilibrio: los previstos en el funcionamiento normal de los ecosistemas.

Los agentes ejecutores, en cada lugar y para cada especie, son muy numerosos, dinámicos y variables, y pueden y suelen actuar encadenados entre sí y multiplicando interactivamente sus efectos. Pueden ser bióticos o abióticos:

1°/Bióticos. Entre los factores bióticos más evidentes destacan en el caso de las especies cinegéticas sus numerosos depredadores, siendo la caza una de las formas de la depredación más destacables, significativa y manejable. Recordemos: cuando el Hombre actúa de depredador, puede actuar como depredador inteligente y racional, o no. Esto último es lo que estamos tratando de evitar aquí.

El control en el medio natural de los agentes ejecutores bióticos de todo tipo (depredadores, enfermedades, plagas…) suele ser difícil, e incluso imposible; por razones legales, sociales, culturales, técnicas, ecológicas o económicas.

Controlar los agentes bióticos, es complejo y muchas veces resulta ineficaz (pululan los ejemplos); pues en el medio natural basta con controlar alguno de ellos para que, más bien temprano que tarde, otro distinto inicie su actividad; porque el resto de los factores de perturbación (predisposición, detonadores y catalizadores) seguirán estando presentes y con ellos la tensión ecológica (*"A perro flaco todo son pulgas"*).

Los agentes ejecutores bióticos son múltiples y variables en la Naturaleza, y trabajan usualmente asociados y encadenados entre sí. En esta vida, antes o después, nadie se escaquea de la muerte: nacer, crecer, reproducirse y… morir. Para ello la Naturaleza posee mecanismos ecosistémicos eficaces que aplica tenazmente en todos los casos (especies, espacios y tiempos).

Además, los tratamientos a aplicar frente a los agentes ejecutores bióticos suelen tener efectos colaterales imprevisibles sobre los ecosistemas; por lo que muchas veces el control de un "mal" puede acabar generando daños mayores que los corregidos, lo que invita a extremar al máximo la cautela. La medicina (humana y veterinaria) y la ecosistémica son ámbitos bien distintos, muy en especial en lo que a sus condicionantes ecológicos y éticos se refiere.

2%/Abióticos. A veces en los medios naturales es posible actuar sobre algunos factores abióticos, porque siempre son menos numerosos y más concretos y "tangibles" que los bióticos; por ejemplo, frente a los accidentes padecidos por la fauna cinegética (incendios, ahogamientos, accidentes, atropellos…); pero no siempre es posible hacerlo en condiciones técnicas razonables de costes, eficacia y plazos de actuación.

Además, algunos de estos factores abióticos se empeñan en demostrar la pequeñez de nuestra altiva especie frente al poder telúrico de la Naturaleza: incendios forestales, volcanes, maremotos, grandes sequías, heladas, nevadas, aludes, huracanes, tifones, inundaciones… No se producen siempre ni por todas partes, pero están ahí… ¡esperando! y forman parte de la ecología propia de todas las especies, en todos los espacios y tiempos y, por tanto, forman parte de la más genuina ecología cinegética.

Tensiones de perturbación

Como ya hemos avanzado, todos los seres vivos, a lo largo de toda su vida, están sometidos a unas mayores o menores tensiones de perturbación. Estas tensiones han estado omnipresentes en todos los procesos evolutivos y coevolutivos de las especies, sus hábitats y sus biocenosis y, final y paradójicamente, son el motor imprescindible para el buen funcionamiento de los ecosistemas naturales; por lo que no cabe tener una visión demasiado negativa, ni sobre ellas ni sobre los factores ecosistémicos que las generan.

Bien al contrario, todo ecosistema, por natural y prístino que pudiera ser o parecer, precisa mantener unas tensiones de perturbación (las suyas) y unos altibajos y azares dentro de estas (los suyos) de mayor o menor periodicidad, intensidad y dimensión. Los "problemas" aparecen cuando estas tensiones superan lo *típico*, o ya previsto en los ecosistemas, y se producen perturbaciones y altibajos *atípicos* que pueden llegar a superar las resiliencias naturales de los seres vivos: cuando lo *atípico* supera a lo *típico*.

¿Cómo prevenir estas tensiones y sus procesos de perturbación asociados, cuando se hacen excesivas o atípicas? La pasividad no suele ser la solución; porque la Naturaleza, inexorablemente, acabará reponiendo el orden natural: su orden. La cinegética, el *saber hacer en materia de caza*, suele ser el camino alternativo más acertado, un camino complejo y sin atajos; un camino que no solo afecta a las especies cinegéticas, pues indirectamente puede afectar a muchas otras (animales o vegetales) y a su medio natural.

Las tensiones y los procesos de perturbación son tan naturales y omnipresentes que, muchas veces, casi siempre, hasta deberían conservarse y gestionarse tanto o más que las especies amenazadas, sus hábitats, y sus biocenosis; pues, aunque ni mucho menos sean el enemigo a batir, pueden revolverse contra la Naturaleza y contra nosotros mismos. El verdadero amor a la

Naturaleza implica el respeto debido a todos estos a veces benéficos aliados y a veces perversos enemigos: leerla y amarla hasta en sus renglones torcidos, erratas y defectos. Hacer con la Naturaleza lo mismo que deberíamos hacer con el Hombre.

Las bellezas y atractivos de la Naturaleza no son solo amenos paisajes en colorido cartón piedra, flores, maripositas y otras bellezas pueriles, a fotografiar y subir a la red entre hueras sonrisitas de "instagrammer". Las pulgas, moscas, tábanos, garrapatas y podredumbres y suciedades diversas y malolientes, aunque bastante menos bucólicas, también son Naturaleza: imprescindibles miembros de ella, compañeras del Hombre que caminan por su mismo áspero camino: por el filo entre la vida y la muerte, por el canto de la moneda.

¿Qué hacer para que quienes nacieron para aliados, no se vuelvan enemigos? ¿Cerrar los ojos? ¿Mirar hacia otro lado? ¿Cómo administrar de forma sostenible las tensiones y los procesos de perturbación en beneficio de la imprescindible conciliación (o reconciliación) entre la Naturaleza y el Hombre? ¿Cuál es el papel de los cazadores y de la caza en este complejo marco conceptual? Esta es la cuestión principal a desarrollar en esta *Ecología cinegética aplicada*.

Prevención de los procesos de perturbación

Cuando la caza, que es lo que ahora nos ocupa, está sometida a las agresiones y rigores propios de los medios naturales[12], solo por excepción puede actuarse eficazmente sobre los factores detonadores y catalizadores; porque los poco previsibles azares (detonadores) y los espacios y tiempos (catalizadores) son en cada

---

[12] *Nos decía el titular de un coto de caza que el suyo era un negocio que vivía a la intemperie. No se puede decir de manera más breve, mejor o más clara.*

caso los que son. También suele ser casi imposible actuar eficazmente sobre los omnipresentes, múltiples, alternativos, sucesivos, variables, cooperativos y tenaces agentes ejecutores (bióticos y abióticos), por las diversas inviabilidades prácticas que ya hemos mencionado anteriormente. En la mayoría de los casos, apenas si es posible evitar algunos errores y daños antrópicos añadidos a las perturbaciones naturales: introducción de agentes exóticos, difusión de otros, envenenamientos, etc. lo que invita a la cautela.

Porque solo la depredación a través de la caza puede ser sometida fácil y eficazmente a un manejo racional sostenible (Montoya 2022b), este agente ejecutor biótico, este hábil, inteligente y creativo depredador ancestral que es el cazador, resulta en la práctica esencial en todo lo concerniente a la ecosistémica de los seres vivos en el medio natural, de la flora o de la fauna, cinegética o no.

Al final, solo las actuaciones sobre los factores de predisposición suelen ser viables en la práctica, y estos casi siempre se basan en la muerte de unos animales en beneficio de otros: cazar en el caso de la caza. La muerte, la imprescindible muerte, como clave de los ecosistemas. Tiempo pues de perderle el miedo; como dicen que hacen los legionarios (novios de la muerte), los toreros (más "cornás" da el hambre) o los buenos creyentes (desde la fe y la esperanza). Estas actuaciones cinegéticas, preventivas de los factores ecosistémicos de perturbación, son necesarias para:

1º/*Evitar daños mayores en los ecosistemas.* Debemos conservar los múltiples beneficios cinegéticos de los cotos, y con ellos conservar, además y conjuntamente, todo su ecosistema (o agrobiosistema): no solo los animales, también los vegetales. Desligar u oponer la caza con los montes, pastaderos, ganados, cultivos, etc. sería siempre un gravísimo error (Montoya 1999, Montoya 2003); porque ni los ecosistemas ni los agrobiosistemas pueden desguazarse en sus componentes o partes, si queremos que sigan funcionando (tampoco los coches). Por tanto, y aunque aquí nos estemos centrado en la caza, no puede olvidarse nunca el todo holístico en el que esta se integra[13].

2º/*Reducir el número de muertes y la cantidad de sufrimiento animal.* Todo lo que nace muere. Más nacimientos son obviamente más muertes, y las muertes en el medio natural suelen ser terribles. El sufrimiento en la Naturaleza se reduce con un buen manejo de la caza; pues conduce a unos nacimientos controlados (limitados) y da a los nuevos individuos mejores oportunidades de supervivencia y vitalidad: menos muertes, mayor esperanza de vida, mejor calidad de vida, y muertes mucho menos crueles que sus alternativas naturales; al menos si los controles poblacionales se aplican adecuadamente mediante una caza que respete plenamente sus condicionantes principales:

1º/*Éticos.* Las mejores normas éticas de conducta personalmente asumidas por cada cazador.

2º/*Culturales.* Las oportunas reglas culturales del arte cinegético, plenamente internalizadas en los colectivos de cazadores.

3º/*Códigos.* Los posibles códigos comunes de conducta y buenas prácticas escritos. Por cierto: suelen faltar en el caso de la caza.

---

[13] *Porque el todo (el ecosistema en su totalidad) es más, mucho más, que la suma de las partes que lo componen.*

4º/*Pliegos particulares*. Los pertinentes pliegos de condiciones técnicas particulares propios del manejo cinegético de cada coto.

3º/*Aprovechar los posibles beneficios de la caza*. Beneficios ambientales de todo tipo, sociales, ecológicos, y por supuesto también económicos, generados por las diversas actuaciones antrópicas posibles en los cotos: usos, cacerías, y demás intervenciones y obras de utilidad más o menos cinegética. El hombre existe. Sin él la Naturaleza sería hoy difícilmente entendible y perpetuable. La sostenibilidad y el desarrollo sostenible son el camino para asegurar simultáneamente el futuro de la Naturaleza, el bienestar de los seres vivos con los que compartimos el Planeta, y nuestra propia supervivencia, convivencia y calidad de vida. En otras palabras, para asegurar el deber ético y moral de la plena conciliación entre la Naturaleza y el Hombre: el objetivo de supervivencia.

Sin toda esta perspectiva ecosistémica amplia, la propuesta de un modelo general para el manejo cinegético carecería de un fundamento ecológico real (Montoya 2022b). Por tanto, esta perspectiva es la que fundamenta biológicamente la caza sostenible: esa caza a la que estamos tratando de contribuir ahora. Que la caza es ecología, que el cazador es el mejor ecologista, no son pues falacias gratuitas, latiguillos defensivos de los cazadores como algunos insensatos afirman, sino más bien incuestionables "certezas" científicas: el fruto de la ciencia cazadora y de la ecología cinegética aplicada.

Actuaciones cinegéticas preventivas

Todas las actuaciones antrópicas en los medios naturales, y en especial las actuaciones cinegéticas precisas para prevenir y moderar las tensiones y los procesos ecosistémicos de perturbación, pueden clasificarse en alguno de los siguientes cinco grandes grupos (Montoya y Mesón 2004):

1º/*Actuaciones sobre la composición específica*. Mejora de la composición de la biocenosis, y del equilibrio entre sus especies (animales y vegetales). Actuaciones de:

1º/*Regeneración y repoblación*. Regeneración natural, y repoblación artificial con especies o genéticas mejoradoras y, si fuera posible (que no suele serlo), más adaptadas que las actuales. Destacan en el caso de la caza las llamadas "renovaciones de sangre" en la caza mayor[14].

2º/*Control de la competencia interespecífica*. Especialmente de los posibles excesos de depredadores y de otras posibles especies competidoras.

3º/*Mejora genética local*. Corrección de inadecuaciones genéticas locales, heredadas desde la antigüedad o sobrevenidas por fallos de manejo: repoblaciones erróneas, sueltas, consanguineidad, prácticas previas de caza inadecuadas…

2º/*Actuaciones sobre la densidad total y poblacional*. Mejora de censos mediante actuaciones de control de su densidad, total (de todas las especies) y poblacional (de cada especie), ya sea por caza de excedentes (excesos) o por acumulación de crecimientos (defectos), hasta conseguir unas cuantías totales (todas las especies incluidas) y unas distribuciones poblacionales internas (reparto entre especies) acordes con la capacidad de carga ideal del coto del que se trate (FIGURAS 4, 5 y 6).

---

[14] *Introducción de machos de calidad para evitar la consanguineidad en poblaciones poco numerosas o muy aisladas (cercados).*

3º/*Actuaciones sobre la pirámide poblacional*. Mejora de los equilibrios poblacionales internos de cada especie, mediante el manejo de los excesos o defectos de edad (control de la edad máxima), de la relación de sexos, del equilibrio poblacional interno entre las diferentes clases de edad-dimensión, de la distribución de calidades, y manejo de la duración de supervivencia y del consecuente ritmo de regeneración.

Actuaciones todas estas, nacidas del manejo forestal tradicional de los bosques madereros (Montoya y Mesón 2004), y que resultan muy claras en el caso de la caza mayor; pero que se realizan también en el caso de la menor (aunque de forma menos visible) a través del control de la presión cinegética ejercida sobre cada especie, presión que conforma "estadísticamente" tanto la estructura poblacional interna como la edad máxima más probables en el caso de la caza menor más común, y también en las de la mayor en la montería a la española y en otras cazas más o menos tradicionales en batida, como los ojeos de perdiz roja o de otras especies (corzo, jabalí…).

4º/*Actuaciones sobre las condiciones individuales*. Mejora de la composición interna de la población de cada especie, mediante actuaciones de caza general y, sobre todo, de caza selectiva cuando esta sea posible (caza mayor): control de individuos con genéticas inadecuadas, y selección y liberación individual, por control de la competencia con otros por razones de subordinación, inmadurez, conducta, edad relativa, dimensión u otras causas; control de defectuosos, enfermos, dañados o heridos, y prevención y defensa frente a riesgos, tensiones y daños previos individuales, recientes o pretéritos, naturales o no.

5º/*Actuaciones mediante otras mejoras técnicas*. Actuaciones de fomento de la calidad estacional (majanos, amparos, mejora de pastos, siembras agrícolas y pascícolas, alimentación complementaria, limpieza de fuentes, aljibes, albercas y otros

aguaderos seguros y de calidad, saladeros…) y de prevención y
corrección de diversos impactos bióticos y abióticos, antrópicos
o no.

Consideraciones finales

Creemos que, llegados a este punto, los porqués ecológicos y la
necesidad ambiental de una caza racional (sostenible y generadora
del mejor desarrollo sostenible posible) han quedado
suficientemente justificados.

Por tanto y tras todos estos porqués, tenemos que internarnos en el
complejo universo del cómo alcanzar esa caza racional. Una caza
racional no es sinónimo de una caza meramente sostenible,
excepto que esta sea a la vez generadora del máximo desarrollo
sostenible posible, lo que básicamente exige una internalización
adecuada de las externalidades generadas. Ni vivimos ni morimos
al margen de lo ambiental; al margen de lo social, lo ecológico, y
lo económico.

Los aspectos y cálculos sociológicos propios del algoritmo local
(FIGURA 3) para el diseño y cálculo de sostenibilidad de las
estructuras ambientales, han sido ya suficientemente divulgados en
Montoya 2020a, y 2023a. Los aspectos y cálculos económicos del
algoritmo se han avanzado ya en Montoya 2020c. Nos centraremos
desde ahora en los conceptos y cálculos ecológicos implicados en
el itinerario algorítmico a seguir: en los aspectos ecológicos de la
Ingeniería de la sostenibilidad aplicada a la caza.

Insistimos en que cuanto aquí se diga, tiene su paralelo en el
manejo de cualesquiera otros valores, usos y recursos sometidos a
manejo antrópico en cualquier espacio natural (marino o
continental, terrestre o acuático, protegido o no). Por tanto, lo que
digamos aquí sobre la caza, no solo es aplicable a ella misma; es
también un ejemplo y una guía aplicable a todo lo demás, a todos
los seres vivos.

Figura 3. Ecosistémica. Manejo de los procesos de perturbación

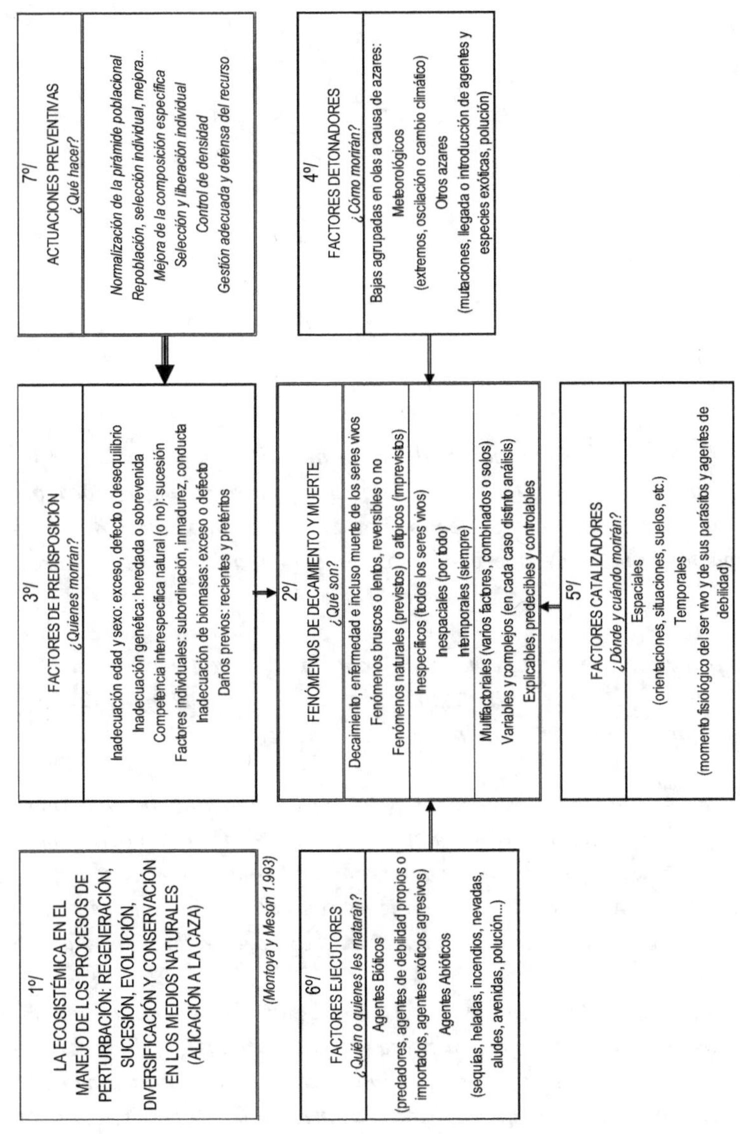

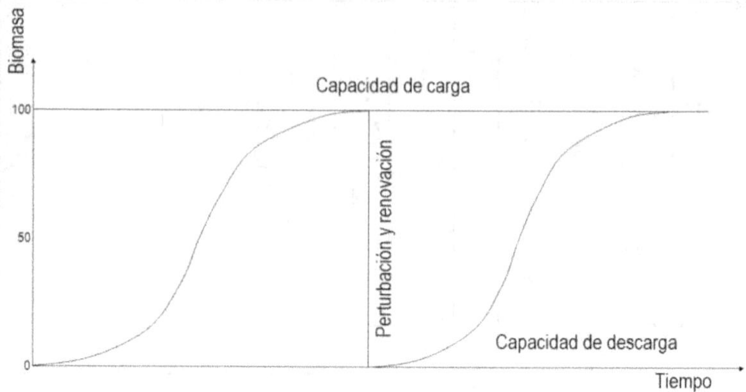

Llegada cualquier población silvestre (animal o vegetal) al límite de la capacidad de carga de su ecosistema, más tarde o más temprano, acabarán apareciendo fenómenos de perturbación que, tras sus impactos, renovarán su crecimiento y la acumulación de su biomasa: su reconstrucción.

En principio, tras una "catástrofe" natural (que no tiene porqué llegar hasta cero como en el ejemplo) o tras una "actuación" artificial (antrópica), se reiniciará la reconstrucción de la población.

Obsérvese que la reconstrucción (biomasa acumulada por unidad de tiempo) tiende a ser muy lenta cuando queda demasiada poca biomasa (escaso censo), bastante más rápida en condiciones censales intermedias, y que vuelve a ralentizarse cuando la población se adensa y se va aproximando a la capacidad de carga del ecosistema.

Se comprende fácilmente que, para conseguir el mejor rendimiento en piezas de caza de cualquier especie (para cazar más), sería preciso (en principio) mantener los niveles intermedios de acumulación de su biomasa en el coto del que se trate: cazar todo el excedente poblacional y solo el excedente poblacional preciso.

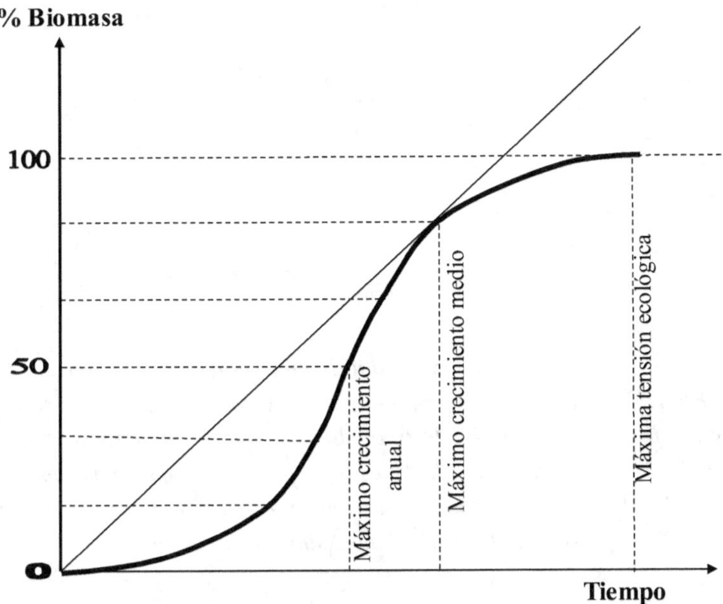

El crecimiento de la biomasa (censo) de cualquier población silvestre, cinegética o no, sigue la llamada "curva sigmoide", que quebraría al alcanzarse la máxima tensión ecológica con la máxima capacidad de carga posible (100 % de la capacidad de carga del ecosistema).

Dos puntos destacan especialmente en ella: el punto de máximo crecimiento anual (y también de mínima tensión ecológica) situado alrededor del 50 % de la máxima capacidad de carga, y el punto de máximo crecimiento medio periódico situado en la tangente a la curva sigmoide trazada desde el punto cero: cuando el crecimiento comienza a decaer significativamente.

El objetivo a lograr y mantener mediante la caza sostenible es el máximo crecimiento anual más-menos una "histéresis" (oscilación) que, en general, no debería superar el máximo crecimiento medio.

Figura 6. Ley de Eichnor

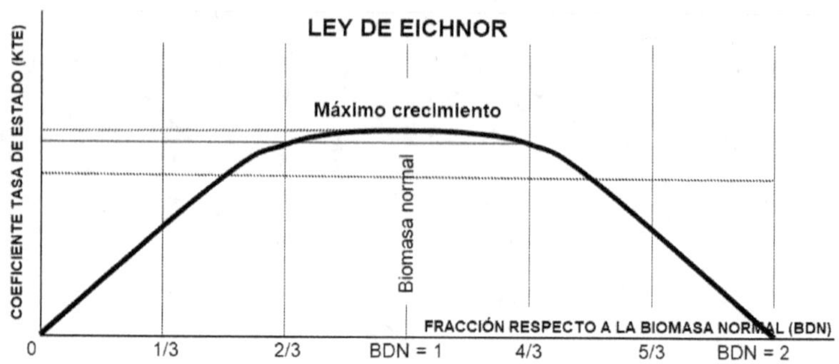

Curva tradicionalmente atribuida en el universo maderero a EICHNOR, y que es simplemente la derivada de la anterior curva sigmoide (FIGURA 5). Se observa en ella cómo, en un amplio intervalo de biomasas o censos calificables de "normales" (aproximadamente entre los 2/3 y los 4/3 de la biomasa normal (BDN = 1), el crecimiento total de la población es similar al máximo.

No extraer la biomasa excedente, llevará a la decadencia del crecimiento por exceso de biomasa, incrementándose los riesgos de perturbaciones (bióticas o abióticas). Extraer de forma abusiva la biomasa tendrá efectos distintos pero asimilables ("pozo de la depredación"); de aquí la necesidad técnica de un manejo cinegético sostenible y racional.

Generalizamos la sigmoide (FIGURA 4 y 5) y este mismo gráfico (derivado de la misma) a todos los recursos naturales renovables en MONTOYA 1.981. Posteriormente esta generalización ha probado su utilidad en campo en diversas ordenaciones de pastos y faunísticas.

Alcanzar una densidad poblacional doble de la BDN (BDN = 2 = 6/3) es llegar al límite de la capacidad de carga del ecosistema: máxima tensión ecológica con un crecimiento muy reducido: estancamiento.

2. BENEFICIOS CINEGÉTICOS

Beneficios cinegéticos. Servicios

Conforme al *Principio de beneficio "Los beneficios principales derivados del manejo cinegético racional de un coto, son la sostenibilidad misma de su manejo local e, implícitamente, el desarrollo sostenible global que con él se haya inducido"*[15]. Por tanto, el único beneficio real del manejo cinegético es su propia sostenibilidad ambiental[16] (Montoya 2022b).

Analíticamente, a los efectos de la construcción y logro de la debida y genuina sostenibilidad del manejo cinegético, es beneficio todo aquello que, en una u otra forma, contribuya o pueda llegar a contribuir económicamente a la sostenibilidad del manejo endógeno de un coto; se pueda valorar o no, y se pague por él o no. En materia de Economía natural, o Economía del manejo sostenible, *"todo vale por lo que añade"*. Lo que nada aporta al endogenismo económico de la sostenibilidad no vale nada, y por eso nada puede ni debe invertirse en su manejo (Montoya 2020c).

Si a los beneficios ambientales globales (sociales, ecológicos y económicos) generados directa o indirectamente por el manejo cinegético de un coto, les descontamos los beneficios intangibles

---

[15] *Los principios básicos de la caza moderna (beneficio, unicidad, obligación, simulación, precaución y éticos) se desarrollan en Montoya 2022b.*

[16] *Siempre que utilicemos aquí el término "ambiental", debe comprenderse que nos referimos al conjunto de todos los aspectos sociales, ecológicos y económicos concernidos (en sus sentidos más amplios) y, por supuesto, también a todas las posibles interacciones entre ellos en la compleja red multidimensional de los agrobiosistemas. Jamás cometeremos el generalizado error de confundir lo "medioambiental" con lo meramente ecológico, por muy grata que sea esta confusión para aquellos que no quieren abordar los muy difíciles aspectos sociales y económicos de la sostenibilidad ni las complejas interacciones entre sus tres "patas" básicas.*

llamados servicios; derivados o de los valores presentes en el coto o de los usos practicados en él, ambos, en su definición más estricta (s.e.) sin ningún tipo de capturas (tangibles); así como todas las posibles "externalidades" o beneficios a terceros generados[17], nos quedarán el resto de los llamados beneficios tangibles o bienes materiales: "cosas", procedentes del crecimiento biológico natural propio de los recursos cinegéticos: lo que, en principio, debería cazarse, la caza propiamente dicha, las capturas a las que obliga la ecosistémica (CAPÍTULO 1) y que se sintetizan en el *Principio de obligación*. "*La extracción racional (debidamente cuantificada, programada y puesta en obra) de los excedentes censales generados en un coto, cazar en él lo que se debe, no es una decisión opinable ni libremente adoptada, sino una obligación natural, derivada de las responsabilidades propias del Hombre en y ante la Naturaleza*" (Montoya2020b).

Valores cinegéticos

Los valores cinegéticos, en su sentido más estricto (sensu estricto: s.e.), que es el que usaremos aquí, son beneficios ambientales inmateriales o intangibles (servicios) que, intencionalmente o no, directa o indirectamente, se conservan, generan e incluso fomentan activamente, en todo o en parte, a través de las actuaciones de manejo cinegético, y esto con independencia de que, además, puedan dar lugar, en paralelo, a posibles usos e incluso a capturas.

Por ejemplo, un valor innegable como el lince, como la mayoría de los demás depredadores ibéricos, seguirá recuperando o perdiendo sus poblaciones, según el éxito o fracaso del manejo cinegético que se aplique al conejo en los cotos. El manejo de todos esos valores depende por tanto del manejo cinegético.

---

[17] *Que pueden ser a su vez beneficios intangibles (servicios: valores y usos) o tangibles (bienes: piezas de caza).*

Los valores lo son en sí mismos, con independencia de que su valor económico pueda cuantificarse o no, y de que se abone o no. Su valor responde a la existencia de una cierta demanda social, y cuanto tiene una demanda tiene un valor. Se disfrutan mediante una cierta suerte de "uso pasivo": sin necesidad de hacer nada para gozar de ellos. Por ejemplo, sin necesidad de hacer nada disfrutamos de la conservación e incluso fomento, mediante el manejo de la fauna cinegética, de diversas especies y poblaciones vegetales y animales (conservación de la biodiversidad y sus comunidades), y de otros valores tales como seguridad pública, sanitaria, en vías de circulación...). La mayor parte de cuantos simplemente transitan por una carretera, ignoran que están disfrutando pasivamente del valor de una seguridad añadida, aportada por los cazadores a través de su control de las poblaciones cinegéticas de caza mayor. Son muchos los accidentes, incluso mortales, por colisión con jabalíes, venados, corzos, etc.[18].

También el control de la vegetación que realizan la caza mayor y el ganado mediante su pastoreo, y que limita el riesgo de incendios forestales, diversos riesgos sucesionales (en su flora y fauna) y otros impactos sobre la biodiversidad; es para el Hombre un disfrute pasivo y, pero también un valor a conservar y fomentar a través del manejo cinegético. Hoy, con el abandono de la vida rural en muchas de nuestras serranías, las especies de caza mayor están sustituyendo de forma total o parcial a la ganaderas en estas funciones ancestrales. La armonización a través de un pastoralismo verdaderamente racional es el camino a seguir en esta materia (Montoya 1999, Montoya 2013).

---

[18] *Absurdamente, en la kafkiana normativa ambiental española, se suele penalizar a los cazadores por estos accidentes; cuando son los únicos que, a través de la caza, contribuyen a la reducción de estos. La ignorancia cinegética del legislador y sus prejuicios anticaza se hace así manifiesta.*

El valor económico total de cualquier valor (s.e.), en nuestro caso de cualquier valor más o menos afectado por el manejo cinegético, es la suma de los siguientes cuatro valores parciales o componentes de su valor total (Díaz y Romero 2008).

1º/*Intrínseco*. Valor de su propia existencia.

2º/*De oportunidad o potencialidad*. En previsión de posibles usos o capturas futuros.

3º/*De legado*. El valor de garantizar la mejor conservación que sea posible legar a las generaciones futuras.

4º/*De opción*. El valor de la libertad de poder optar a usarlos o a cazarlos, se ejerza después o no este derecho.

El valor de opción de la caza reside en que cada uno es libre de practicarla o no. No hay razón de sostenibilidad alguna para devaluar las especies cinegéticas como valor intangible (s.e.) ni para privar a nadie de la libertad de ejercer, o no, a su libre criterio y albedrío, este derecho natural ancestral y común a todos los humanos que es la caza.

¿Y porque hablamos en una Ecología cinegética aplicada del valor de los valores? Porque, si verdaderamente se quiere conservarlos y fomentarlos, es preciso que en una u otra forma contribuyan al endogenismo económico del manejo cinegético. Por el contrario se están usando para penalizarlo. En este sentido, el caso de los accidentes en vías de circulación es un ejemplo incuestionable; pero ni mucho menos el único.

Usos de los cotos

Al igual que los valores propiamente dichos (s.e.), los usos de los cotos son también beneficios ambientales inmateriales o intangibles (servicios) que pueden ser, además y simultáneamente, valores e incluso recursos; pero que, a diferencia de los valores (s.e.), están sometidos a disfrutes activos diversos por parte del Hombre. Esto sí: ejecutados siempre sin capturas, lo que les diferencia de los recursos cinegéticos propiamente dichos. El disfrute de los usos exige la ejecución de unidades de esfuerzo por parte de sus practicantes (ir allí y hacerlo), el de los valores no; lo que constituye la diferencia fundamental entre ambos tipos de servicios. Para disfrutar de los usos hay que estar "ahí", para el disfrute de los valores no hace falta ni ir.

Entre los usos de los cotos destacan los turístico-recreativos, tales como la observación y fotografía de la fauna, cinegética o no, los educativos, científicos, deportivos... En los cotos se realizan múltiples usos, no todos de fundamento cinegético. Por ejemplo, el disfrute turístico-recreativo de la berrea, ronca o ladra de los cérvidos (ciervo, gamo, corzo), así como la contemplación y fotografía de la fauna cinegética y su entorno, son claramente usos cinegéticos de los cotos. Otros usos, como el senderismo o la bicicleta o la contemplación de especies de flora y fauna, se diría que no tienen un claro fundamento cinegético; pero pueden y suelen impactar y ser impactados por el manejo cinegético de cada coto, por lo que actúan como elementos a considerar siempre en la ecología cinegética aplicada (CAPÍTULO 11).

Todo valor sometido a uso pasa a tener que ser manejado como un uso, y todo uso sometido a capturas pasa a tener que ser manejado como un recurso. La fauna cinegética suele ser a la vez un valor, un uso y un recurso. No solo sirve para cazar, no solo aporta el cazar y las piezas de caza. Quien la maneja debidamente tiene derecho a disfrutar y beneficiarse, en una u otra forma, de los servicios generados por su buen manejo: de sus valores y de sus usos.

El manejo cinegético sostenible de los valores, usos y recursos de un coto, efectuado siempre a través de sus diversas actuaciones técnicas reales (usos, capturas, y demás intervenciones y obras propias de la ingeniería cinegética), no puede eludir nunca todas estas realidades, ni prescindir de su compleja trama de interacciones, ni de los consecuentes balances globales de sus impactos ambientales totales (sociales, ecológicos y económicos).

Beneficios cinegéticos. Bienes

Recursos cinegéticos

Mientras que los valores y los usos son servicios inmateriales o intangibles, los recursos propiamente dichos son bienes materiales o tangibles: capturas, piezas cobrables (en vida) o cobradas (una vez abatidas).

Es recurso cinegético toda especie[19] animal capaz de generar, en el medio natural y con escasa actuación humana, un excedente censal que puede y debe controlarse o extraerse, con plena garantía de conservación, perpetuación y fomento del ecosistema o del agrobiosistema del que se trate, y cuyas poblaciones podrían deteriorarse o generar desequilibrios ambientales, a corto, medio o largo plazo, en ausencia de dichas capturas, por supuesto aplicadas inteligentemente al control racional de las biomasas animales de los cotos en lo concerniente a su cuantía total (capital censal y crecimiento a extraer del mismo) y a su distribución interna (pirámide poblacional).

---

[19] *Decimos y diremos "especie" por costumbre y sencillez; pero, en realidad, técnicamente deberíamos referirnos más bien a "unidad elemental": a la unidad elemental del cálculo estructural cinegético (unidad biológica o no) que, cuando es biológica y según casos, puede ser infraespecífica (machos de trofeo, selectivos, hembras, crías...), específica (especie propiamente dicha, tal vez el caso más común) o supraespecífica (zorzales, palomas, córvidos cinegéticos...).*

Tipos de capturas

Algunas especies silvestres están sometidas a caza por los beneficios económicos "inmediatos" obtenidos directamente (la que apellidamos usualmente caza de aprovechamiento, la que *produce* "dinero"); otras deben ser cazadas por los beneficios "mediatos" generados posteriormente por su captura: fomento cinegético, compatibilidad socioeconómica, manejo de equilibrios biológicos, conservación de la biodiversidad, o por otras razones ambientales globales, y esto incluso aunque el balance económico inmediato de su captura pueda resultar inicialmente negativo (la que apellidamos caza de gestión (la que *cuesta* "dinero").

Por tanto, lo que verdaderamente caracteriza a los recursos cinegéticos es la generación de un excedente poblacional que es preciso controlar para ajustar sus censos hacia un estado poblacional ideal, y no el balance económico inmediato de esta extracción. Mucho menos aún el apellido que queramos darle a la caza (de aprovechamiento, de gestión…).

Las cosas son las que son, y hasta nosotros mismos somos lo que somos, con independencia de los apellidos que portemos ¿Nos hemos parado a pensar que a nuestra composición genética, en nobles como en plebeyos, contribuye en igual proporción nuestro primer apellido que el último de una serie casi infinita de antepasados? No son las convenciones humanas apriorísticas las que determinan las realidades biológicas: la caza es caza, le llamemos como le llamemos (aprovechamiento, gestión, comercial, recreativa, deportiva…); como nosotros mismos somos los que somos, personas iguales, con absoluta independencia de nuestra diversidad y potencialidades y de cómo nos llamemos, o nos llamen ¿Qué más da?

Algunos seres vivos no consiguen generar ese excedente de biomasa, no son por tanto verdaderos recursos, y por eso no pueden cazarse sin riesgos para la conservación de sus poblaciones y/o de su biocenosis, o de su ecosistema o agrobiosistema global. Estos casos suelen concentrarse en las etapas más avanzadas de la sucesión ecológica (etapas sucesionales muy maduras), hacia el vértice de las pirámides tróficas (grandes rapaces y depredadores), y en las especies más estrategas de la *K* (CAPÍTULO 3).

Del mismo modo, un mismo ser vivo, una misma especie cinegética, puede ser un recurso natural renovable en unas condiciones ambientales dadas, y no serlo en otras menos favorables (calidades de estación marginales para ella); por lo que no todas las especies vocacional y legalmente cinegéticas deben considerarse como recurso cinegético en todos los cotos.

No vivamos pues obsesionados con las dicotómicas normativas legales genéricas, "protegidas o cinegéticas", "autóctonas o exóticas", normativas que siempre pueden y deben mejorarse; sino atentos y muy atentos, sobre todo, a las realidades de campo locales: a lo que técnicamente hay que hacer en cada coto.

Muchos de los debates que hoy se producen en esta materia son sencillamente superfluos. En el campo carecen de sentido, porque en él las cosas son sencillamente como son; sencillamente: a veces no deben cazarse algunas especies cinegéticas, se ponga como se ponga la normativa y… ¡al revés! (CAPÍTULO 3).

Beneficios cinegéticos. Externalidades

Los economistas llaman externalidades a todos los impactos ambientales generados por cualquier actuación antrópica, positivos (beneficios) o negativos (perjuicios), que afecten a terceros; ya estén situados estos dentro o fuera del espacio manejado, dentro o fuera de cada coto en nuestro caso. Esos terceros pueden ser la sociedad en general, determinadas asociaciones, comunidades o colectivos, o bien personas concretas físicas o jurídicas[20].

Las externalidades pueden ser intangibles (como los servicios: valores y los usos) o tangibles (como los bienes).

En nuestro caso, hay que referirse obligada y simultáneamente a las externalidades generadas dentro de un coto y a las inducidas fuera del mismo, mediante las actuaciones de manejo cinegético ejecutadas en él: usos, capturas, y demás intervenciones y obras propias de la ingeniería cinegética; estando implícitos los valores (s.e.) en estas formas del hacer, como variables relevantes en la toma de decisiones. Algunas decisiones de las que finalmente se tomen podrán contribuir, directa o indirectamente, a la conservación y fomento de los valores (o no…).

Sostenibilidad

La sostenibilidad no es una palabra "suelta", mucho menos aún es una moda (un "palabro"); es una forma de hacer: de saber hacer las cosas. Cuando aquí hablemos de sostenibilidad, nos estaremos refiriendo a la sostenibilidad del manejo cinegético de los cotos; al cómo hacer las cosas en ellos, dentro de ellos, estaremos hablando

---

[20]*Siempre que hablemos aquí de los "impactos ambientales" de cualquier actuación cinegética, deberá tenerse presente que estos pueden ser positivos, negativos o (mayoritariamente) mixtos, y que, por tanto, debería hablarse más bien del balance de los complejos impactos de cada actuación. La mejora de estos balances es el objetivo central de todo manejo racional, y por tanto del cinegético. Iremos viendo que, en el caso de la caza sostenible, estos balances resultan mayoritaria, manifiesta y casi inevitablemente positivos, probándose así los benéficos efectos de la caza racional, y la relevancia de sus aportaciones al desarrollo sostenible que a todos beneficia, cazadores o no. Quienes critican la caza ignorando su manejo, deberían reflexionar sobre los diversos y cuantiosos beneficios que pasiva o activamente reciben a través de ella. "De bien nacidos es el ser agradecido".*

de ingeniería, de saber hacer las cosas, de programarlas, proyectarlas y ejecutarlas.

"La ambigüedad del concepto o el uso de la palabra sin concepto, que diría Goethe, es uno de los motivos que obliga, también en este caso, a la reflexión filosófica. Así que está justificado preguntarse de qué hablamos en realidad cuando hablamos hoy de sostenibilidad o desarrollo sostenible" (Fernández Buey 2012). *"El empleo abusivo del término sostenibilidad ha terminado vaciándolo de su auténtico contenido"* (Fernández Buey 2004).

Pero no solo se le ha vaciado de contenido en lo conceptual y en lo cualitativo (pensamiento y dialéctica); es que, además, no se han abordado eficazmente sus aspectos cuantitativos que en la práctica han resultado soslayados: ni el saber ha llegado al hacer, ni la ciencia a la ingeniería. *"¿Para qué sirve el conocimiento si no es para tener un efecto en el mundo, de modo directo o indirecto?"* (Common Ground Research Networks 2022).

Desarrollo sostenible

En cada coto podrían proponerse a su titular distintas soluciones de manejo sostenible (más o menos endógeno económicamente según casos) entre las que, idealmente, habría que elegir la más favorable al desarrollo sostenible global: la solución sostenible local inductora del mejor balance global posible de externalidades. Soluciones locales para problemas globales, o *"Piensa en global, actúa el local"*; estamos en el marco del ecologismo más auténtico, genuino y complejo (con perdón).

Porque el endogenismo del manejo cinegético suele depender mucho del "pago" de las externalidades inducidas por él ("cobrar" en una u otra forma por los beneficios aportados a esos terceros que los disfrutan); si este pago es deficiente (y en la práctica de hoy día lo es), la optimización del desarrollo sostenible también lo será, y otra solución de sostenibilidad local alternativa (la más "viable"), sustituirá a la que podría haber sido la más favorable al desarrollo sostenible global (la "mejor"). Los ajenos al coto, por "no pagar" lo que deberían pagar, verán reducidos sus beneficios, su balance positivo de externalidades; por lo que en la práctica deberían terminar "pagando", porque es lo más sensato para ellos.

Por esta razón, la internalización económica de las externalidades resulta fundamental a efectos de alcanzar desde la caza, no solo su propia sostenibilidad local, coto a coto, sino, además y en paralelo, el mejor desarrollo sostenible global posible inducido en beneficio de todos por su manejo: cazadores y no cazadores, internos o externos respecto al coto manejado.

La conclusión es bien sencilla: el buen manejo cinegético beneficia a todos los ciudadanos, por lo que todos deberían contribuir adecuadamente a su mantenimiento en una u otra forma.

Sería demasiado cómodo y simple el recurrir al empobrecedor y siempre ampliamente saqueable erario (público por definición), sin asumir antes las posibles contribuciones personales que pudieran estar implicadas; pues algunos podrían y hasta suelen demandarlas y disfrutarlas en mayor grado que otros. Por ejemplo, las asociaciones ecologistas deberían contribuir más que las asociaciones de futbolistas, en vez de pasarse la vida "poniendo la mano", cual pedigüeño a la salida de misa; al menos los del futbol, como los aficionados a los toros, se pagan su entrada.

Por razones de brevedad, en lo que sigue diremos preferentemente sostenibilidad, entendiendo que nos referimos a la sostenibilidad del manejo de cada coto, e implícitamente al desarrollo sostenible global añadido (interna o externamente) como fruto natural de dicho manejo local concreto: las externalidades ambientales de todo tipo, internalizadas después o no, las mejores posibles o no.

Internalización de servicios y externalidades

Expolio

La cuestiones ahora serían: ¿Adónde van todos esos beneficios intangibles (valores y usos) y todos esos balances positivos de las externalidades; beneficios todos ellos generados o a generar, directa o indirectamente, mediante el buen manejo cinegético? ¿Quién los demanda? ¿Quién los supervisa? ¿Quién debería pagarlos? En estas cuestiones: ¿Quién debe a quién? ¿No será que la sociedad debe al mundo rural, y que la caza es parte de este mundo rural?

En la inmensa mayor parte de los casos dichos beneficios cinegéticos (servicios y externalidades), tales como la conservación y fomento de especies protegidas no cinegéticas, conservación de los hábitats y de los equilibrios de las biocenosis, defensa de incendios, observación y fotografía de la vida silvestre, investigación y educación ambiental, deporte y recreo en el medio natural, etc. resultan hoy económicamente expoliados a sus titulares cinegéticos, de forma sistemática y más o menos completa.

Los que los demandan se los quedan "sin más", por el mero hecho de demandarlos en mayor o menor número de demandantes, desde una mayor o menor militancia y agresividad[21], y con absoluta independencia de los costes de manejo cinegético que hayan sido o que deberían ser precisos para su conservación, fomento y, en su

---

[21] *Las presiones, amenazas e incluso hasta violencias extremas sobre titulares, gestores y cazadores, por parte de los expoliadores de los servicios y de las externalidades aportados por el manejo cinegético, son abundantes; como puede comprobarse en muchos medios de comunicación y redes sociales. "Una mentira repetida mil veces se convierte en verdad", reza una famosa frase atribuida a Göbbels, ministro de Propaganda de Hitler. Bueno, ya sabemos a quién imitan y qué es lo que rezan.*

caso, adecuado disfrute y aprovechamiento (ordenado y sostenible).

Gorroneo

Por si el expolio casi sistemático de todos o de buena parte de los beneficios cinegéticos fuera poco, sus demandantes no solo no los pagan, no solo expolian los costes de producción y las posibles rentas de lo que otros generan y ellos disfrutan (pasiva o activamente); sino que, además, en muchas ocasiones los incrementan con costes de manejo añadidos de vigilancia, riesgos, basuras, mantenimiento de infraestructuras, limitaciones al manejo, lucros cesantes, acoso…

Por tanto, no solo expolian, apropiándose de lo que es otros, es que además gorronean[22] de los mismos, al incrementar los costes de manejo cinegético; lo que suele romper la sostenibilidad endógena de este y suele conducir finalmente al mayor o menor abandono de la gestión cinegética. ¿En cuántos cotos no puede hacerse hoy en la práctica mucho más que cazar? Se abre la temporada, se caza y adiós. ¿En cuántos cotos el manejo cinegético se está haciendo meramente banal e insostenible, como consecuencia de estos abusos?

Trivialización de la Naturaleza

Por si el expolio y el gorroneo fueran poco, los políticos y sus hoy más bien poco y mal tecnificadas administraciones públicas, de naturaleza presuntamente ambiental y/o cinegética, resultan de

---

[22] *Expolio, gorroneo… pueden parecer términos extremosos, pero han acabado por hacerse usuales en materia de manejo y economía ambiental; porque lo verdaderamente extremoso y desvergonzado es lo que está pasando en los cotos, y no solo en los cotos de caza: en todo el campo español, en lo cinegético y en lo no cinegético.*

hecho ajenos/as a las comunidades y a las actividades rurales y, siempre indiscriminadamente y a costa del sufrido contribuyente, suelen practicar la competencia desleal contra quienes pretendan promover el sano manejo endógeno de todos estos beneficios cinegéticos (valores, usos y recursos): contra los agentes más directamente implicados en el desarrollo sostenible de todos.

En la práctica lo hacen, bloqueando cualquier forma del desarrollo empresarial en el medio rural (sector servicios), y sustituyéndolo con "sus" bien publicitadas actividades: las propias de la trivialización de la Naturaleza y de la "comunicación" y "educación ambiental" asociada a ella; su causa y efecto. Algunos "ecolojetas" irán de "ecologistas"; porque lo de ir de "ecólogo" exige capacidad, trabajo, estudio y experiencia. Entendemos por trivialización de la Naturaleza a todo aquello que no esté directamente asociado a su manejo racional: a su sostenibilidad local y a su consecuente desarrollo sostenible global inducido. Es dicotómico: o bla, bla, bla, o ingeniería.

Hacen todo esto, por ejemplo, subvencionando a costa de todos dichas actividades expoliadoras, gorronas y triviales que, al ofertarse a coste cero e incluso con beneficios más o menos encubiertos para quienes las disfrutan (subvención directa o indirecta), compiten directamente y hasta impiden toda forma de sana actividad económica comercial en torno a las mismas (observación de aves acuáticas y otros animales, berrea del ciervo, pasos de aves migratorias…). Llamarán a todo este kafkiano montaje "educación ambiental", "desarrollo rural", "sostenibilidad" o algo por el estilo ¡qué más da! mañana le llamarán de distinta manera.

3. CRECIMIENTOS Y POSIBILIDADES

Crecimientos poblacionales

Desde el crecimiento biológico hasta el crecimiento bruto

En cada caso (coto, fase de su algoritmo y especie cinegética *e* a manejar), llamamos *crecimiento bruto* a la parte del crecimiento biológico total habido por la población de *e* en un determinado periodo (por ejemplo una anualidad) que puede llegar a cuantificarse: contarse, medirse o evaluarse (FIGURA 7); es decir: el crecimiento inventarial. En el ejemplo, lo que el censo de la especie cinegética *e* crece en una anualidad.

La Naturaleza genera siempre un *crecimiento biológico* significativamente mayor que este crecimiento bruto inventarial; pero pueden y suelen producirse bajas y degradaciones de todo tipo (a las que llamaremos "taras iniciales") en el intervalo de tiempo transcurrido, desde la generación inicial del *crecimiento biológico*, hasta el momento en el que se alcanza la ocasión o las dimensiones mínimas precisas para poder cuantificar el mencionado *crecimiento bruto* (FIGURA 7). Por ejemplo: pérdidas naturales o furtivas de huevos, pollos o crías. ¿Cuántos conejillos paren sus madres, por cada gazapo que pueda llegar a censarse? ¿Cuántos huevos ponen las torcaces o las tórtolas por cada pichón volandero que logran? Obviamente la respuesta depende, y usualmente bastante, del tiempo trascurrido: cuanto más tardemos en censar, mayor será esta diferencia, estas taras iniciales:

$$Crecimiento\ bruto = Crecimiento\ biológico - Taras\ iniciales$$

Es a partir del crecimiento bruto inventarial desde el que podrá llegar a cuantificarse, en cada caso, el excedente censal cinegético de cada *e*: lo que, en principio, sería preciso controlar por alguna razón de sostenibilidad y desarrollo sostenible (conforme al ya mencionado *Principio de beneficio*), relativa a cualquiera o incluso a todos los valores, usos o recursos presentes en el coto a manejar que pudieran verse afectados por el manejo de *e*.

Principio de unicidad: "Todos los valores, usos y recursos presentes en un coto, son asimilables entre sí a efectos de manejo; porque comparten similares características intrínsecas y extrínsecas, y porque están sometidos a similares procesos de perturbación, formando un todo único a efectos de manejo antrópico" (Montoya 2022b).

Es precisamente la necesidad de cazar dicho excedente censal la que confiere a algunas especies, la genuina condición de recurso cinegético (s.e.), y es su correcta cuantificación el fundamento central de su manejo en cada coto, conforme al ya mencionado *Principio de obligación* y conforme al *Principio de precaución: "En caso de amenaza para el medio ambiente, y en una situación de incertidumbre científica, deben tomarse las medidas apropiadas para prevenir el daño" (Consejo de las Comunidades Europeas 2001).*

Desde el crecimiento bruto al crecimiento neto

Por razón de otras diversas bajas, degradaciones naturales y limitaciones, añadidas posteriormente ("taras posteriores"), no siempre todo el *crecimiento bruto* inicialmente cuantificado (inventariado) podrá llegar a cazarse finalmente; por lo que el que llamamos *crecimiento neto* (FIGURA 7) suele ser menor que él. En síntesis:

$$Crecimiento\ neto = Crecimiento\ bruto - Taras\ posteriores$$

$$Crecimiento\ biológico \geq Crecimiento\ bruto \geq Crecimiento\ neto$$

Esas taras, posteriores a la cuantificación del crecimiento bruto o inventarial, esos crecimientos brutos inicialmente cuantificados; pero que resultan finalmente no cazables, pueden serlo por diversas causas naturales, o bien por razones legales o por razones físicas.

1º/*Causas naturales*. Las diversas taras naturales, efecto de los procesos de perturbación (CAPÍTULO 1) que acompañan a todo ser vivo, desde que nace hasta que muere.

Bajas, degradaciones y pérdidas, (naturales o antrópicas), habidas entre la cuantificación del crecimiento bruto y la fecha de ejecución de las capturas. Por ejemplo, no todos los pollos que hayan llegado a ser "igualones" conseguirán llegar a ser verdaderas perdices en la fecha de apertura de su temporada de caza.

2º/*Razones legales*. Normativas que, excepto por razones de urgencia a justificar posteriormente, o bien mediante autorizaciones administrativas expresas (según casos, autorizaciones regulares, excepcionales o extraordinarias), limitan e incluso prohíben la caza de parte o incluso de todo el crecimiento bruto habido, por razones de especies, espacios o técnicas:

1º/*Especies*. Tales como las que hayan sido declaradas "protegidas"[23], así como aquellos ejemplares de especies "no protegidas" (diríamos cinegéticas, pero en cada coto hay usualmente otras que no son ni protegidas ni cinegéticas, tales como ratas, cotorras, etc.) que no puedan cazarse en un

---

[23] *Como si las cinegéticas no estuvieran, y muchas veces tanto, o más y mejor protegidas en la práctica que las llamadas "protegidas", precisamente a través del sano manejo sostenible de los cotos.*

coto por razones de su escasez en él, o por su sexo, edad, dimensión, calidad, estado...

Cabe reflexionar sobre las "moratorias" de caza establecidas en España sobre diversas especies de naturaleza y vocación más o menos cinegética (urogallo, avutarda, oso, lobo, lince...); moratorias usualmente fallidas en sus resultados reales de campo, a efectos de sostenibilidad y de desarrollo sostenible. Confiemos en que el éxito de la conservación de algunas o de todas estas especies les permita recuperar algún día su condición natural de especies cinegéticas; porque lo son, y esto porque su capacidad de crecimiento poblacional, en los cotos bien manejados, es indudablemente positiva. Aunque esto sí: más bien reducida en algunas ocasiones y estados poblacionales; es especial en el caso de las especies más estrategas de la K.

2º/*Espacios*. Tales como los protegidos frente a determinadas capturas por la razón ambiental que sea (reservas cinegéticas, seguridad pública, conservación de la Naturaleza, compatibilidad con otros valores, usos y recursos...).

3º/*Técnicas*. Técnicas de caza prohibidas en sí mismas (por ejemplo modalidades masivas y no selectivas, o caza en días de fortuna) o bien porque durante su aplicación, causen o puedan llegar a causar impactos ambientales negativos en el espacio manejado (sociales, ecológicos o económicos), sobre otras especies, o sobre algunos otros de los posibles y múltiples beneficios de los cotos (agrícolas, ganaderos, forestales...).

3º/*Razones físicas*. Cuando los medios de caza normales no consiguen capturar adecuadamente todo el excedente debido; por razones de acceso, eficacia, impactos, costes, o seguridad.

No todo lo que se quiere cazar y la ley lo permite, se puede cazar físicamente; pues cazar es un reto esencialmente difícil. Aunque muchos no lo crean, ni los animales son tontos, ni los espacios cinegéticos son ambientalmente sencillos, ni los buenos cazadores abundan.

Entre los *crecimientos brutos* no cazables por razones naturales, legales o físicas, por su vocación natural y a efectos de manejo, debemos distinguir siempre (FIGURA 7) entre los excedentes brutos no cazables *"en abandono"* (los que se quedarán allí) y los excedentes brutos no cazables *"en gestión"* (los que deberían extraerse en todo caso); siendo estos últimos los que, en principio, deberían ser cazados, por las mejoras ambientales posteriores (sociales, ecológicas o económicas) asociadas a su caza (incrementos de producción, reducción de riesgos y daños, restablecimiento de equilibrios biológicos, generación de todo tipo de externalidades e interacciones…).

En la práctica de campo, estos excedentes brutos no cazables *"en gestión"* suelen ser capturas inicialmente prohibidas por razones legales, pero que finalmente deben acabar siendo efectuadas por las mencionadas razones de gestión y, en su caso, al amparo de una excepción legal o por razones de una urgencia extraordinaria.

Otras veces se trata de imposibilidades físicas, usualmente por razones de costes de ejecución y de financiación que finalmente acabarán teniendo que asumirse, tarde o temprano, ante el progresivo incremento de las tensiones de perturbación asociadas a su abandono (CAPÍTULO 1); al menos cuando las posibles limitaciones financieras no lo impidan.

Por tanto, al crecimiento neto inicialmente cazable, se añadirán frecuentemente estas posibles capturas de gestión inicialmente "no cazables", pero que en parte se acabarán teniendo que cazar por razones de urgencias, o mediante autorizaciones administrativas especiales: regulares, excepcionales e incluso extraordinarias. Por tanto: no todo lo no cazable acabará siendo no cazado.

Hasta aquí hemos ido viendo los distintos crecimientos (el biológico, el bruto y el neto); pero ¿Qué relación guardan estos crecimientos con las posibilidades de caza, con los animales que podrían y deberían extraerse en cada coto? En este punto, comenzamos a comprender ya que, en materia cinegética, nada es tan simple como cuantificar un crecimiento (hacer un censo), para tratar de extraerlo después; aunque así se proponga en tantas ocasiones.

Posibilidades de captura

Desde el crecimiento neto a las posibilidades

Posibilidad bruta. No comercializables

En cada caso (coto, fase del algoritmo y especie) y por supuesto en cada mercado, la *posibilidad bruta*, que es lo que en principio debería extraerse de su *crecimiento neto*, suele ser en la práctica menor que este, cuando en todo o en parte no sea comercializable (FIGURA 7) por no ser un verdadero producto[24] en este mercado; aunque quizás sí pueda serlo en otros, e incluso tal vez en este tras las oportunas actuaciones legales, de mercado o de manejo, o incluso a veces por la simple evolución de la cultura cinegética.

Por ejemplo, hasta fechas relativamente recientes los zorzales no recibieron en España una presión cinegética significativa (excepto a través de determinadas cazas tradicionales con cepos, redes y

---

[24] *Es producto todo lo que tenga una demanda, con independencia de que pueda atribuírsele un valor cuantificado o no, y de que se pague por él o no. Por tanto, no son solo productos determinados bienes materiales (las piezas de caza), sino que también lo son también los valores y los usos cinegéticos.*

ligas) ¿Se está actuando inteligentemente sobre los mercados cinegéticos españoles? Creemos que no.

Crecimiento biológico ≥ Crecimiento bruto ≥
Crecimiento neto ≥ Posibilidad bruta

Dentro estas piezas cazables, pero en principio sin un valor económico significativo (pensemos en las gaviotas y los córvidos cinegéticos), por el destino posterior de su crecimiento bruto distinguiremos, de nuevo (FIGURA 7), entre las no comercializables en abandono y las no comercializables en gestión. Estas últimas son las que, en principio, y solo si se pueden financiar sus costes, deberían cazarse por razones de gestión; es decir: por las mejoras inducidas posteriormente tras su caza, sobre ellas mismas o sobre otros componentes ambientales del coto (incrementos de producción, reducción de riesgos y daños, equilibrios biológicos, externalidades...), incluso aunque esta caza pueda tener un claro valor cinegético neto negativo y suela terminar siendo un coste de producción añadido de defensa y daños o de fomento biológico (FIGURA 8): una inversión cuyos beneficios se recogerán posteriormente.

Posibilidad neta inicial. Marginales

La *posibilidad neta inicial* suele ser menor que la anterior *posibilidad bruta*, cuando existen capturas marginales: capturas que tienen un valor bruto inicial menor que los costes totales de caza precisos para lograrlas. Podrían cazarse de forma regular, porque en principio tienen un cierto valor cinegético, e incluso hasta tal vez un precio de mercado, usualmente pequeño; pero su caza arrastraría inicialmente pérdidas al cazador que prefiere no cazarlas.

Se trata de piezas con escaso valor bruto inicial por diversas razones (falta de demanda, escasa dimensión o calidad, daños parciales de caza, deterioros parciales tras la caza...) o con elevados costes de caza por razones de mercado, tecnológicas, insuficiente densidad poblacional, dispersión, alejamiento, dificultades de acceso y extracción, insuficiencia de medios de caza...

Estas capturas marginales comparten con las *no comercializables* el hecho de que cumplir con deber de cazarlas (*Principio de obligación*) implica costes de producción añadidos. Finalmente:

$$\textit{Crecimiento biológico} \geq \textit{Crecimiento bruto} \geq$$
$$\textit{Crecimiento neto} \geq \textit{Posibilidad bruta} \geq \textit{Posibilidad}$$
$$\textit{neta inicial}$$

Para que un animal cazable sea una verdadera pieza de caza en un mercado, es preciso que sea de especie cinegética en su potencial de crecimiento y en su estado poblacional actual, que pueda llegar a cazarse legal y físicamente, que tenga una demanda cierta (de aprovechamiento o de gestión) por parte de los cazadores, gestores y titulares, y que su oferta sea lo bastante escasa como para tener un valor e incluso un precio significativo[25]; pero, no pocas veces, un animal de especie cinegética no acaba siendo una verdadera pieza de caza por diversas razones; entre ellas destacaremos:

1º/*Rechazos*. Especies, y sus sexos, edades, dimensiones, calidades, estados individuales, etc. a cuya caza renuncian voluntariamente los cazadores, que podrían cazarlas y hasta "venderlas" (en vida en los cotos o bien tras su captura); pero que no quieren hacerlo, porque por razones objetivas o subjetivas, su valor neto resulta nulo o negativo para ellos. Por ejemplo, bien pocos cazadores invierten sus esfuerzos en cazar

---

[25] *Desde el barroco español es bien sabido que: "Solo el necio confunde valor y precio".*

córvidos o gaviotas (no digamos ya perros errantes o gatos asilvestrados), a no ser que no tengan otra cosa mejor que hacer o que cazar, y a veces ni aun así.

2º/*Descartes y restos*. Piezas que, incluso una vez abatidas y cobradas y por las razones que sea (de normativa, culturales, comerciales, u otras) son desechadas por quienes las han cazado.

A veces, no pocas, los descartes pueden ser inducidos por pliegos de condiciones técnicas particulares incorrectos para la caza en un coto, típicamente cuotas y cupos mal controlados, o condiciones técnicas de caza y control de capturas ineficaces. Los efectos perversos imprevistos en materia de "condiciones técnicas" suelen inducir a la aparición de descartes inadecuados. Por ejemplo: abandono de piezas cobradas y seguir cazando mientras se porta todo el cupo de captura por cazador y día menos una pieza, con abandono (por descarte o cambio) de todas las intermedias habidas hasta la última cobrada. Se detecta este hecho porque se completa el cupo por muchos "cazadores" (por llamarles así), pero solo muy a última hora. También por los muchos tiros que pueden oírse por pieza finalmente contabilizada. Los posibles controles establecidos quedan así burlados.

3º/*Daños de caza y deterioros*. Piezas de caza cuyo valor de mercado resulta anulado por los daños sufridos durante su misma caza o por deterioros posteriores al cobro de las piezas. Por ejemplo, la menor calidad y los deterioros de la carne de animales muy fatigados en el momento de su muerte (caza con sabuesos o con galgos), o bien por disparos imprecisos o excesivos (cartuchos casi más peso de plomo que el del zorzal que abaten), o perros mal adiestrados al cobro. Son conocidos los "cabreos" de los guardas de caza centroeuropeos, cuando algunos cazadores disparan sobre un corzo a la carrera; porque puede significar un animal herido a pistear, o un deterioro de lo mejor de su exquisita carne. También son frecuentes, por ejemplo con el conejo, los tiros cortos o con cartuchos excesivos, o el que no se limpie y desangre la pieza nada más abatirla, siguiendo la campera norma de "*Conejo matao, conejo estripao*" o bien aquella otra de "*El que la hace, la paga*". Otros los dejan al sol en el coche mientras almuerzan... El respeto a los animales cazados incluye, siempre y a la vez, su muerte instantánea y la búsqueda de su cobro (buscar y rebuscar...) y de su mejor y más completo aprovechamiento posible.

Suele ser posible programar actuaciones legales, de mercado, o sobre las normas de manejo y aprovechamiento (caza, preparación, depósito, transporte y almacenamiento), para reducir la entidad de todos estas piezas marginales, cazables, pero casi sin valor cinegético, diríamos que "casi" no comercializables.

Parte de estas piezas, cuando de hecho se cazan (descartes, restos, daños y deterioros), son verdaderas capturas y, a efectos de manejo, deben contabilizarse como tales. Porque a veces son inevitables, en ocasiones hay que prever algunos descuentos en la posibilidad de algunas especies: comprender que hay que "señalar para cazar" menos de lo que dictaría la teoría.

A veces pueden y suelen reducirse los costes de caza de estas piezas marginales, total o parcialmente, por la vía de las capturas más o menos "blancas" o gratuitas (lo comido por lo servido), y más o menos interactivas, ejecutadas usualmente a cargo de terceros: capturas, mixtas de comercializables, de marginales e incluso de no comercializables, potenciadas por los efectos interactivos inherentes a dichas mezclas (abaratamiento de los costes conjuntos de ejecución de las capturas). Por ejemplo: "*tiene usted derecho a abatir con el mismo permiso un macho de trofeo, una hembra y un selectivo*"; mientras esté cazando en mano usted deberá disparar sobre los córvidos cinegéticos. etc. Otra cosa será lo que se haga después...

Suele ser posible programar actuaciones, internas o externas respecto al coto manejado, para que las capturas marginales pasen a ser "gratuitas" (blancas) o incluso rentables (comercializables). Como tras cualquier otra caza racional, también a estas se añadirán los posteriores beneficios de gestión; por lo que, como en los casos anteriores, podrán acabar siendo o marginales en gestión o marginales en abandono (FIGURA 7).

Posibilidad neta final. Incompatibilidades

Entre la *posibilidad neta inicial* y esta *posibilidad neta final*, median las posibles causas de incompatibilidad ambiental de algunas capturas que, en su caso, reducen la posibilidad neta inicial (FIGURA 7).

$$Crecimiento\ biológico \geq Crecimiento\ bruto \geq$$
$$Crecimiento\ neto \geq Posibilidad\ bruta \geq Posibilidad$$
$$neta\ inicial \geq Posibilidad\ neta\ final$$

Básicamente, estas incompatibilidades de captura, estas capturas no compatibles, según casos, pueden ser socioeconómicas, generacionales o naturales.

1º/*Incompatibilidades socioeconómicas*. La posibilidad neta final resulta menor que la posibilidad neta inicial cuando, por razones genéricas de compatibilidad ambiental (legales, sociales, culturales, técnicas, ecológicas, económicas, etc.) relacionadas con alguno/s de los múltiples valores, usos y recursos presentes en un coto, afectados directa o indirectamente por las actuaciones de manejo cinegético, parte de la posibilidad neta inicial no pueda ser cazada: cuando sea preciso abandonar parte de las posibles capturas, por los impactos ambientales colaterales que su caza tendría sobre otros valores, usos y recursos, ya sea en el momento mismo de su caza o bien posteriormente.

En esos casos, y porque dejar de cazar lo que debería cazarse generará, antes o después, actuaciones más o menos intensas de los procesos de perturbación, en lo posible deberá recurrirse a ejecutar las capturas en otras zonas más o menos aledañas o bien a modificaciones en los procesos y pliegos de condiciones particulares de caza, hasta lograr alcanzar simultáneamente la compatibilidad y las capturas debidas.

Este concepto de incompatibilidad relativo a las capturas es bien distinto de aquellas ocasiones en las que, también por razones de compatibilidad, no pueden pretenderse unos censos ni unas posibilidades ideales normales (biológicas), sino que hay que establecer una situación ideal de censos y posibilidades distinta (de compatibilidad). En estos casos es la misma posibilidad neta inicial la que se ve directamente afectada en sus biomasas y crecimientos (censos y posibilidades).

2º/*Incompatibilidades generacionales.* En ocasiones, las incompatibilidades tienen naturaleza intergeneracional, pues las generaciones pasadas, los aspectos arqueológicos, culturales e históricos, y la conservación de la memoria de quienes y cuantos nos precedieron, son valores relevantes que pueden llegar a generar incompatibilidades de caza; mientras que, al mismo tiempo, el respeto a dichos aspectos puede llegar a generar diversos beneficios, actuales o futuros, a través de diferentes usos, científicos, educativos, turístico-recreativos...

Esta cuestión afecta también a las generaciones futuras; porque lo que hoy nos parece superfluo (beneficios sin identificar aún o sin demanda actual), mañana puede ser importante (mañana podría llegar a tener demanda ¿Qué valía el CO_2 "anteayer"?).

Por tanto, las incompatibilidades generacionales agrupan diversos valores intergeneracionales, que deben conservarse por razones de existencia, oportunidad, legado u opción (valores s.e.) y que en su caso deben ser tenidos en cuenta, porque pueden generar incompatibilidades de caza.

3°/*Incompatibilidades naturales.* Básicamente pueden ser de conservación o específicas.

1ª/*Conservación.* Las de conservación son incompatibilidades entre los impactos de la ejecución misma de las capturas, sobre las poblaciones y sobre su medio ambiente, y la conservación de paisajes y ecosistemas, funciones y flujos singulares, oportunidades y potencialidades del medio, especies animales o vegetales especialmente protegidas... Se trata ahora de un caso particular y extremo de las anteriores incompatibilidades socioeconómicas y generacionales. Si reconociendo a aquellas se pretende no causar daños colaterales, en el caso de estas incompatibilidades naturales las capturas deben programarse para contribuir activa y positivamente a la Conservación.

Las incompatibilidades socioeconómicas y generacionales pueden abarcar extensiones muy amplias, mientras que las de Conservación suelen ser bastante más reducidas; por lo que rara vez resultan demasiado costosas de asumir; al menos cuando los espacios y las cuestiones más relevantes a estos efectos, se identifican y delimitan (perimetran) con precisión, buen criterio, y el debido rigor. Una buena razón para establecer las oportunas reservas de caza, cuándo y dónde sean precisas.

2ª/*Específicas.* Las incompatibilidades específicas son incompatibilidades de la ejecución práctica de la caza de algunas especies cinegéticas, por poder generar diversas tensiones y disfunciones, etológicas (procesos de sexualidad y reproducción, de comportamiento, de ocupación y distribución del hábitat, u otras), o sanitarias (tensión o cansancio, impactos indirectos de daños, efectos posteriores de descartes y restos...); sobre ellas mismas o sobre otras (protegidas o cinegéticas). Por ejemplo: incompatibilidad de la práctica de la caza menor en las manchas de mayor; al menos mientras que no se celebren sus posibles monterías u otras cacerías de mayor.

Consideraciones finales

La cadena conceptual que venimos desarrollando hasta aquí para establecer la posibilidad neta final (la cuantía de capturas que conduciría a la perpetuación de un censo poblacional más o menos estable), exige identificar lo que son los diferentes crecimientos (biológico, bruto y neto) y las sucesivas distancias (descuentos) existentes entre ellos; así como, del mismo modo, lo que son las distintas posibilidades (bruta, neta inicial y neta final) y las sucesivas distancias (descuentos) existentes entre ellas. Dicha cadena se sintetiza en la FIGURA 7.

Cuando, en tantas y tantas ocasiones, se establece un TAC a partir del crecimiento bruto inventarial (censo y tasa), se está prescindiendo de toda esta serie de realidades técnicas de campo, y se están planteando unos planes especiales de caza (cuantía de capturas) sencillamente simplistas conceptualmente, y mal dimensionados numéricamente; pero el error, como iremos viendo posteriormente, no solo reside en esto.

Podría sucumbirse a la tentación de pensar que, una vez establecida la posibilidad neta final habríamos acabado el proceso de programar las capturas potenciales a realizar; pero existen una serie de cuestiones pendientes de estudio, que nos obligan a no admitir tamaña simplificación:

1º/*Crecimientos*. Hemos basado todo lo anterior en el crecimiento bruto inventarial de los censos de las poblaciones cinegéticas: en cazar, en principio, lo que las poblaciones crecen. Esto nos llevaría a poblaciones indefinida y aproximadamente iguales a sí mismas; pero, muchas veces, las poblaciones cinegéticas presentes en los cotos (sus censos actuales), no son las poblaciones ideales que deberían mantenerse en ellos (censos ideales, biológicos o de compatibilidad), lo que nos obliga o a cazar algo más o algo menos que esa cifra.

Por otra parte los cotos no viven aislados y sus poblaciones pueden enriquecerse o empobrecerse por el manejo de otros cotos, colindantes, próximos o remotos (sedentarias, errantes, o migratorias respectivamente).

2º/*Descuentos*. Hemos analizado los diferentes descuentos a realizar por distintas razones (no cazables, no comercializables, marginales, e incompatibilidades); pero también hemos ido señalando que antes o después acabarán por tener que ser gestionados, en todo o en parte, por razones de urgencias, excepcionales, o extraordinarias (CAPÍTULO 1); lo que suele acabar incrementando las capturas por encima de la posibilidad neta final inicialmente calculada.

Hasta aquí hemos establecido las posibilidades netas finales "estables"; pero no hemos llegado a establecer aún los diferentes tipos de capturas cinegéticas a realizar, que pueden ser: capturas potenciales, capturas programadas y capturas reales totales, que son las capturas que habrá que considerar y que deberán aplicarse finalmente en campo (FIGURA 9).

Nos referimos a los diferentes números de piezas, a cobrar o cobradas, sobre cada especie e con cada modalidad m, y, en consecuencia, con cada unidad de aplicación, control y valoración i (NUCCRei): las que serán las bases numéricas del algoritmo local propio de cada coto en cada una y todas y sus sucesivas revisiones; las que deberán realizarse en favor de la sostenibilidad del manejo cinegético endógeno del coto, y del desarrollo sostenible inducido con él (Montoya 2020a).

Estos complejos asuntos técnicos, relativos ya a las verdaderas capturas, los estudiaremos en los CAPÍTULOS 8 (Capturas programadas) y 10 (Capturas reales totales). FIGURA 9. Conforme iremos viendo, las capturas potenciales, las programadas y las reales, son bien distintas de esta posibilidad neta final, algo que no suele tenerse en cuenta en el paradigma cinegético vigente en nuestros días.

Figura 7. Del crecimiento biológico a la posibilidad neta final

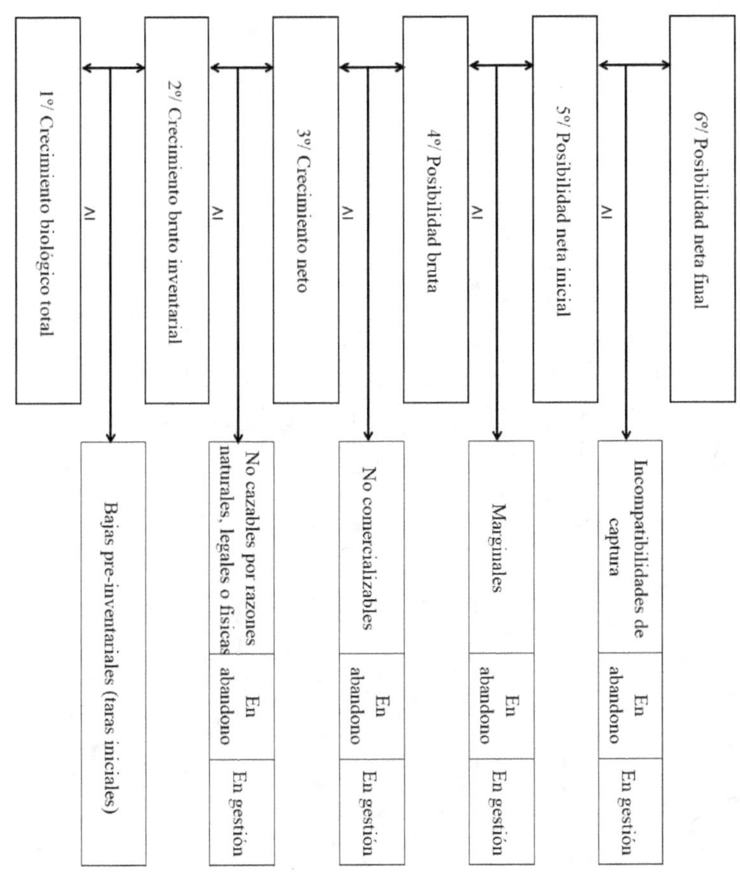

Figura 8. Valor neto total gestionado. Distribución indicativa

Valor cinegético neto total gestionado		Fondos cinegéticos referenciales. Capítulos	Fondos cinegéticos referenciales. Subcapítulos	% Valor neto (indicativo)
Costes de producción totales. Ejecución por contrata (E.C.)	Costes de producción directos. Ejecución material (E.M.)	Costes de defensa y daños	Riesgos y daños sobre los valores, usos y recursos (seguridad, perturbaciones, azares...)	30
			Riesgos y daños desde los valores, usos y recursos (prevención, indemnizaciones, seguros...)	
			Actuaciones urgentes, excepcionales y extraordinarias (espacios, momentos, especies, cuantías y técnicas)	
		Costes de fomento biológico	Mejoras estacionales, mejoras poblacionales, y lucros cesantes	10
		Costes de desarrollo patrimonial	Costes de infraestructuras repercutidos	20
			Costes patrimoniales (defensa, deslinde, señalización, titularidad, sociales...)	
		Costes de manejo cinegético	Estadios de ordenación y de gestión (aplicación, supervisión, control y seguimiento)	7
	Costes de producción indirectos	Costes empresariales	Gastos generales (13 % de E.M.)	9
			Beneficio industrial ordinario (6 % de E.M.)	4
Rentas residuales		De la titularidad cinegética		20
		Del coto		
		Sociales		

Figura 9. De la posibilidad neta final a las capturas reales totales

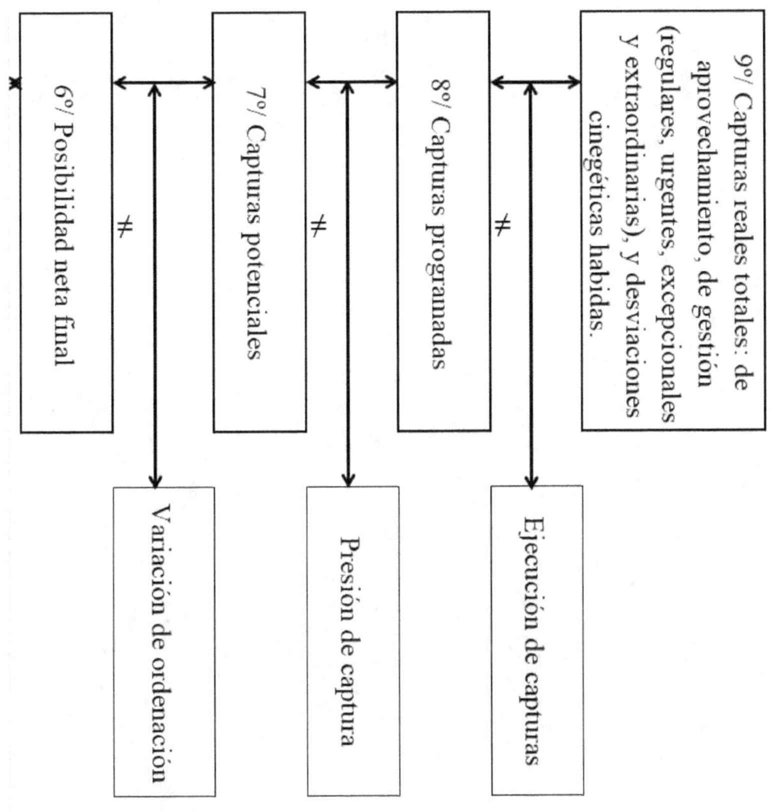

4. TASAS DE CAPTURA

Antecedentes. Proyectos cinegéticos

Los actuales proyectos de manejo cinegético, propios de cada coto, a los que obliga en España la normativa legal pueden ser:

1º/*Proyectos de ordenación*[26]. Son *proyectos de programación* que sirven para organizar las actuaciones a realizar durante el siguiente periodo de ordenación, que usualmente abarca cinco anualidades en el caso de la caza. En sus versiones más simplificadas suelen denominarse "Planes Técnicos", y suelen sintetizarse en un mero "Formulario" propuesto por la Administración pública. Estos obsoletos formularios deberían actualizarse, normalizarse e informatizarse (en otras palabras: tecnificarse y abaratarse); pues es público, notorio y manifiesto su fracaso en campo, lo que les convierte en una mera traba administrativa más: una solicitud que en muchas ocasiones ni siquiera se contesta, como sería lo serio y exigible. Por si todo ello fuera poco, contienen graves errores, de concepto y de contenido, que urge corregir en favor de la sostenibilidad cinegética de los cotos y del desarrollo sostenible global inducible con ella (Montoya 2022b).

---

[26] *En sus versiones más simplificadas suelen denominarse "Planes Técnicos", y suelen sintetizarse en un mero Formulario propuesto por la Administración pública. Estos formularios deberían actualizarse, normalizarse e informatizarse (en otras palabras: tecnificarse y abaratarse); pues es público, notorio y manifiesto su fracaso en campo, lo que les convierte en una mera traba administrativa más: una solicitud que en muchas ocasiones ni siquiera se contesta, como sería lo serio y exigible. Por si todo ello fuera poco, contienen graves errores, de concepto y de contenido, que urge corregir en favor de la sostenibilidad de la caza y del desarrollo sostenible inducible con ella (Montoya 2022b).*

2º/*Proyectos de plan anual*. Son *proyectos de obra*, desarrollados específicamente para cada una de las sucesivas anualidades del periodo de ordenación. En ellos se proyectan las actuaciones cinegéticas a ejecutar en la anualidad concernida. En concreto: los usos, y las cacerías y capturas de todo tipo; así como todas las demás intervenciones y obras a ejecutar de utilidad total o parcialmente cinegética.

En ambos tipos de proyectos es todavía una práctica demasiado usual el reducir la etapa de análisis ecológico propia del algoritmo local de cada coto (FIGURA 2), a una mera descripción discrecional, más o menos grosera (o por el contrario demasiado puntillista) en torno al clima, los suelos, la vegetación, la fauna, etc. Aspectos todos ellos abordados desde una perspectiva un tanto escolar y difusa, y contemplados de forma parcial y más bien desintegrada; con descripciones en muy buena parte desconectadas de las necesidades prácticas del manejo cinegético. Es decir: de los porqués y paraqués de las actuaciones proyectadas, de la ecosistémica que en cada caso les concierne y guía (CAPÍTULO 1).

Nos referimos a unas viciadas prácticas técnico-científicas en torno a una cierta "pseudoecología" considerada más bien como una ciencia de descripciones y limitaciones (para "prohibir") que de potencialidades y oportunidades (para "gestionar"). Debemos recordar siempre que *"El que sabe gestiona y el que no prohíbe"*.

¿Estamos tal vez en el ámbito del no-saber, o en el de hacer como si se hace? El problema radica en que, hasta lo que deba prohibirse, antes de hacerlo, debería ser siempre debidamente identificado, cuantificado y, por supuesto, gestionado, ensayado y consensuado. Toda prohibición gratuita o caprichosa, y no digamos ya ideológica (el perverso fruto amargo de la cultureta anticaza), resulta inadmisible y es siempre perniciosa a efectos de sostenibilidad y de desarrollo sostenible.

Los aspectos ecológicos descriptivos que en cada coto y proyecto de manejo (de ordenación o de plan anual) sean precisos, son propios de la memoria de cada proyecto (AENOR 2014). En cada caso, los aspectos ecológicos deberían concentrarse, exclusivamente, en la identificación de todo lo inmediatamente útil a efectos de la toma de decisiones de manejo cinegético y de cálculo de su algoritmo local propio (FIGURA 2). ¿Es tan difícil separar lo esencial y útil, de lo superfluo y estéril?

En especial debe evitarse cualquiera de las casi infinitas formas del "humo" y el "ruido" de proyecto que, desdichadamente, resultan tan habituales en materia de medio ambiente natural, cinegético o no.

Entendemos por "humo" a al exhibicionismo de conocimientos por parte del autor del proyecto. Un proyecto de manejo no es una publicación (libro, artículo, conferencia…), ni su autor tiene por qué hacer en él "educación ambiental" ni mucho menos aún demostrar sus conocimientos; pues no está pasando ninguna clase de examen escolar; pues se supone que ya viene aprendido. Tan solo tiene cumplir con la normativa técnica vigente en la materia, guiada por AENOR 2014 (Montoya 2022b), que le obliga a la claridad y a la brevedad.

Entendemos por ruido de proyecto a la inclusión en este de cuestiones innecesarias o superfluas, destinadas principalmente a alargar artificiosamente los contenidos del proyecto, como si los proyectos de naturaleza medioambiental se vendieran al peso.

Concepto de tasas locales de captura

¿Qué parte del censo de una determinada especie cinegética *e* debería capturarse en un coto en cada una de las tres fases de su algoritmo? (FIGURA 3), A esa parte, a esa fracción, a ese porcentaje… es a la que denominamos *tasa local de captura*.

La cuantificación de las tasas locales de captura propias de cada *e* en cada coto y fase es un aspecto esencial en el itinerario algorítmico a seguir para el diseño y cálculo de sostenibilidad de las estructuras ambientales cinegéticas. Su cálculo no es sencillo, por la misma complejidad de sus propios fundamentos ecológicos; pero su completa y correcta determinación es ineludible. Sin ella, la posterior cuantificación de la presión cinegética (soportada o a soportar según fases por cada especie cinegética en cada coto) sería imposible y, sin esta cuantificación, hablar de sostenibilidad cinegética sería (es) una mera entelequia: un mero hacer como si se hace.

Actuando así, sin calcular la presión cinegética (CAPÍTULO 6), sostenibilidad no significaría (no significa) nada; por más que sin someterse a la disciplina y al esfuerzo de calcularla, o calculándola de "aquella manera", tantos se llenen la boca de "bla, bla, bla" con ella. ¿Se habrán planteado alguna vez el cómo hacerlo? ¿Estarán dispuestos a hacer el esfuerzo de aprender a hacerlo? ¿Poseen los conocimientos ecológicos básicos para conseguir entenderlo? Mucho nos tememos que la respuesta en la mayor parte de los casos sea no; aunque la esperanza, dicen que es siempre lo último que se pierde...

Cuando se aborda el cálculo de las tasas locales de captura propias de cada especie *e* en cada coto y fase de su algoritmo, vuelve a descubrirse la unicidad a efectos de manejo antrópico de todos los beneficios generados o generables en o desde las espacios más o menos naturales; lo que acarrea que el itinerario de cálculo a seguir sea esencialmente común a todos ellos (*Principio de unicidad*).

En esto en nada se diferencia la caza de cualquier otro beneficio natural a manejar: valores, usos, bosques, pesca continental y marina, pastos, productos de recogida… ¿Por qué negar entonces tantas veces el manejo de la caza, y no el del resto de los beneficios a manejar? ¿Abandonamos igualmente el manejo de los mares, los pastos, los bosques…?

Si, como pretenden algunos se prohíbe la caza ¿Por ser iguales a ella, habrá que prohibir también todo lo demás, o no? ¿O es que acaso se pretende desguazar el ecosistema (holístico por definición) en sus componentes parciales?

¿Cómo conciliar la Naturaleza y el Hombre en estas condiciones de desintegración, de desguace, y de deficiente manejo antrópico? Alguien está disparando a lo esencial: al objetivo de supervivencia de la Humanidad; a la conciliación entre la Naturaleza y el Hombre.

Coeficientes precisos para el cálculo de tasas (KT)

El cálculo de las tasas locales de captura de cada especie cinegética *e* sometida a manejo en un coto, según las distintas fases de su algoritmo, exige el estudio, conocimiento y establecimiento previo de varios coeficientes-tasa (genéricamente KT) que estudiaremos a continuación.

Básico (KTB)

El primero de dichos coeficientes es este coeficiente-tasa básico (KTB), establecido para cada especie cinegética *e* a cazar en las siguientes condiciones ecológicas y poblacionales previas:

1ª/*Calidad estacional*. Para la clase de calidad estacional más frecuente y estable en las condiciones naturales originales (prístinas) de cada especie *e*, la calidad típica, que, como veremos más adelante, se sitúa en la transición entre sus clases de calidades globales intermedias: la IIIª y la IVª.

2ª/*Población normal*. En las condiciones poblacionales de normalidad biológica (CAPÍTULO 1. FIGURA 4) propias de la especie en esa calidad típica, en lo concerniente a su censo referencial total (CAPÍTULO 7) y a la distribución interna de este por especies, densidades, sexos, edades, calidades individuales, dimensiones, dominancia relativa, y estados individuales.

En demasiadas ocasiones se ha pretendido reducir las tasas locales de captura a este único coeficiente KTB lo que, en la mayor parte de los casos, constituye un gravísimo error; porque la tasa local de captura nunca puede ser única, porque no siempre la calidad local, la calidad de un coto, es la típica (III^a-IV^a), ni las poblaciones son siempre biológicamente normales. Si así fuera, si todos los cotos fueran iguales ¿Qué sentido tendría el hablar de calidades o de poblaciones biológicamente normales? Cada coto es un mundo.

Por ejemplo, se ha aplicado hasta la saciedad el 40 % como tasa de captura para la perdiz roja (cazar el 40 % del censo físico instantáneo. CAPITULO 7), lo que es sencillamente un disparate en la mayor parte de los cotos y condiciones poblacionales; pues, como es sabido por todos los cazadores expertos, y estudiaremos con detalle más adelante, unos cotos son mejores que otros en su calidad, y unos está sometidos a un mejor o a un peor manejo previo que otros. ¡Así, entre otras cosas, es como la reina de la caza en España ha acabado en la marginalidad socioeconómica o en el exilio de las granjas![27]

Entre los coeficientes implicados en el cálculo de tasas, el KTB de una especie *e* es el único común a todos los cotos, fases del algoritmo, calidades, y condiciones y estados poblacionales en los

---

[27] *Este coeficiente de "capturas respecto al censo" engloba y descuenta para todas las especies las bajas de todo tipo (naturales y antrópicas) habidas desde el establecimiento del censo referencial (CAPÍTULO 7) hasta y durante su periodo de caza; incluyendo tanto las piezas no cobradas como las bajas anteriormente citadas.*

que *e* aparezca y, lógicamente, debería estar disponible para todas las especies cinegéticas. Cuando no lo está, como es lo más común, deberá atribuirse cada especie cinegética *e* a una clase de tasa básica, a un KTB propio, dentro del rango total de todos los KTB de todas las especies cinegéticas, mediante alguna aproximación técnica racional (discrecional, consensuada, asimilada, heurística o elaborada[28]). Luego, para cada especie y coto habrá que afectar este coeficiente básico con toda la amplia serie de coeficientes propios de cada coto que estudiaremos a continuación.

Recordaremos que las estrategias biológicas básicas (Mac Arthur y Wilson 1967) son dos: la de la *r*, propia de las especies que compiten superando a las demás en tasa de reproducción ("criando mucho"), y la de la *K*, propia de las especies que compiten mediante la persistencia de una mayor biomasa ("siendo más grandes"). Las estrategas *r* son susceptibles de capturas más intensas proporcionalmente que las del tipo *K*, y alcanzan su madurez antes y con dimensiones menores que estas; lo que se traduce en un mayor KTB las *r* que las *K*.

K y *r* no son situaciones absolutas, sino que existen especies con una mayor o menor tendencia hacia la *r* o hacia la *K*. La caza menor tiende más hacia la *r* y la mayor hacia la *K*. Entre nuestras especies de caza menor las más *r* son la codorniz y el conejo, las menos la tórtola y la becada; entre las de caza mayor el jabalí y el corzo son las menos *K*.

Entre las estrategas *K* más extremas destacan a escala planetaria los elefantes y los rinocerontes, o las ballenas en el mar. No es extraño lo que hoy sucede con la caza de estas especies que, por

---

[28] *Discrecional o propia del autor de cada proyecto, consensuada entre expertos en caza, asimilada desde cotos parecidos, heurística por experimento local previo, o elaborada desde una combinación de todas o de algunas de ellas.*

practicarse de forma banal, acabó siendo imposible; resultando ahora su restauración poblacional muy difícil, lenta y compleja: aviso de navegantes.

Como ya hemos avanzado, la cuantía de este KTB va ligada sobre todo a la estrategia biológica propia de cada especie *e*, siendo tanto mayor cuanto más estratega de la *r* sea *e*. Usualmente oscila desde un valor casi cero (estrategas extremas de la *K*) hasta el 50 % e incluso más en algunas especies de caza. Algunos recursos *r* muy extremos, como los pastos o el plancton, llegan a superar el 100 % de las existencias presentes en su fecha censal referencial (CAPÍTULO 7), dado su altísimo ritmo de renovación (Margalef 1977).

Son enormes los esfuerzos económicos efectuados desde el erario en defensa de las especies llamadas "protegidas" ¿Lo están realmente? Cabría reflexionar sobre si estos, a veces desmesurados fondos, se justifican e invierten adecuadamente. Es inevitable el preguntarse sobre si verdaderamente no hay otras necesidades ambientales (sociales, ecológicas y económicas) más urgentes, y tanto o más necesitadas del apoyo económico público. ¿Se han estudiado las posibles alternativas existentes? ¿Se controlan los procesos técnicos y científicos seguidos, y los porqués y los cómo en materia de conservación? ¿A cuánto nos ha salido a los contribuyentes españoles cada ejemplar añadido, o incluso perdido[29], de cada especie protegida?

Nadie parece haber echado cuenta bastante, ni efectuado control técnico real alguno; pero esta cuestión es capital en una sana y trasparente Economía natural. Los economistas hablan del coste de

---

[29] *Recordemos el bucardo y las enormes cifras invertidas en su ineficaz proceso de presunta conservación que acabó en su extinción total.*

añadir (o de perder) una unidad de "algo", digamos un oso o un lince (o una especie exótica invasora cualquiera "a extinguir").

Todas estas especies podrían tener un valor objetivo indeterminable; pero el coste de añadir o quitar cada unidad de ellos (cada ejemplar) debería evaluarse, para tratar de tomar las decisiones más adecuadas, respecto a estos o respecto a cualesquiera otros valores ambientales. Este es el llamado en economía *valor marginal* (Montoya 2020c).

¿A cuánto nos ha salido a los contribuyentes cada oso, cada lince, cada águila imperial, cada buitre, cada lobo añadido…? Esta no es una cuestión de conservación, es una cuestión de trasparencia.

¿A cuánto nos ha salido la casi siempre utópica, inviable y pretenciosa eliminación total de determinadas especies llamadas exóticas invasoras u otras como el jabalí en algunos lugares? ¿Es tan difícil comprender que, conforme van quedando menos ejemplares, los costes de su captura se van incrementando de forma acelerada? ¿Cuándo se comprenderá que no es a través de la caza como puede extinguirse especie animal alguna, excepto que se trate de una *K* muy extrema, que jamás podría ser invasora? Cada uno tenemos derecho a disponer y hasta a disfrutar de nuestra propia ignorancia; pero no a aplicarla a costa de los demás, y mucho menos aún a pretender vivir de ella, como hacen determinados colectivos triviales.

Toda política de conservación de cualquier especie silvestre solo alcanzará realmente sus objetivos, cuando dicha especie consiga recuperar su censo poblacional ideal (biológico o de compatibilidad según casos). Desde ese momento, el inevitable excedente poblacional generado debe ser adecuadamente controlado; lo que hace que el destino vocacional de toda especie animal capaz de crecer censalmente acabe siendo casi siempre el cinegético ¡Así es la Naturaleza y así lo explica la ecosistémica!

Ser o no cinegética una especie no es por tanto una siempre manipulable y modificable cuestión legal, sino una cuestión técnica natural e inmutable.

Como aproximación técnica racional discrecional, para cada especie de naturaleza cinegética, usamos los KTB que expondremos a continuación; con independencia de que alguna sea hoy legalmente cinegética o no, pues algunas se encuentran en "moratorias" o prohibiciones de caza.

1º/*KTB en caza menor*. Conejo 0,5. Liebre 0,4. Perdiz 0,4. Codorniz 0,5. Tórtola 0,25. Palomas 0,3. Zorzales 0,3. Acuáticas grandes 0,4. Acuáticas medianas 0,3. Acuáticas pequeñas 0,25. Becada 0,2. Córvidos y gaviotas 0,3. Zorro 0,3.

2º/*KTB en caza mayor.*

   1º/ *Machos*. Corzo 0,29. Ciervo 0,23. Gamo 0,29. Jabalí 0,50. Montés 0,26. Muflón 0,29. Arruí 0,34. Rebeco 0,26.

   2º/ *Hembras*. Corzo 0,21. Ciervo 0,18. Gamo 0,25. Jabalí 0,40. Montés 0,19. Muflón 0,25. Arruí 0,30. Rebeco 0,19.

Calidad estacional (KTC)

A la hora de establecer las calidades estacionales básicas para una especie cinegética cualquiera, es frecuente dividir los rangos que se pueden llegar a constatar en sus medios naturales (desde el cero, donde prácticamente ni siquiera vive, hasta el máximo de calidad para ella) entre las diferentes clases de calidad. Aunque suele olvidarse que en los medios reales algunas de estas calidades, sobre todo las más extremas, han podido variar, e incluso desaparecer completamente, desde los remotos tiempos de antaño hasta hoy.

Cuando establecemos los rangos y clases de calidad de una especie cualquiera, olvidamos que las poblaciones naturales actuales suelen ser solo residuos de las originales y que a veces han variado a lo largo de la historia. Las clases de calidad mejores y las peores suelen ser las más habitualmente faltantes; porque son las más inestables ecosistémicamente hablando.

También, a veces, y con o sin el apoyo del Hombre, muchas especies silvestres han llegado a invadir espacios muy favorables para su crecimiento y que realmente no les eran propios de forma natural. Debemos pensar que lo que hoy vemos en el campo, suele ser solo una engañosa caricatura de la realidad ecológica natural: de la genuina verdad de la Naturaleza inicial.

También suele suceder que el ámbito espacial de referencia usado para establecer esta clasificación básica global de calidades estacionales para una especie e, se restrinja a un reducido ámbito geográfico que no abarca toda su área de distribución natural, lo que repite, agranda y deforma la caricatura anterior. Por ejemplo: calidades autonómicas o incluso provinciales para las especies cinegéticas.

No pocos investigadores y autores han caído en estos errores que consideramos ligados a la ausencia de una perspectiva espacial amplia e intemporal, a una consideración insuficiente de los procesos ecosistémicos de perturbación y de la consecuente dinámica poblacional propia de cada especie cinegética.

Las clases de calidad que usaremos para las especies sedentarias son siete; dos extremas y cinco centrales: E (o Extra), Iª, IIª, IIIª, IVª, Vª, y M (o Marginal).

El que un coto tenga para una especie concreta una determinada clase de calidad estacional implica para ella, como promedio temporal y por tanto habida cuenta ya de las posibles variaciones interanuales (anualidades mejores o peores):

1º/*Censo biológico normal.* Un censo biológicamente normal en su cuantía total (biomasa) y en su pirámide poblacional (distribución interna).

2º/*Tasa.* Una tasa local estable biológicamente normal (TLEN).

3º/*Crecimiento.* Un máximo crecimiento biológico anual medio, y un máximo crecimiento medio periódico (FIGURA 5).

El KTC a aplicar es igual a uno para las especies migratorias que se cazan en un determinado coto; porque esta es la calidad promedio más probable de toda su área global de reproducción, que abarcará, lógicamente, áreas más o menos remotas y de mejor y de peor calidad estacional. Esto, que es válido a efectos de las tasas de crecimiento de las migratorias, no lo es a efectos de sus capturas; porque las densidades naturales propias de las especies migratorias en sus áreas de caza, usualmente distintas de las de reproducción, excepto en el caso de las migratorias llamadas "criollas" (nacidas y criadas en el lugar) y, por tanto, la cuantía de sus posibles capturas, pueden y suelen variar con la calidad del hábitat sobre el que transitan, las acoge o usan durante su amplio periplo migratorio.

Este otro concepto de calidad del hábitat (capacidad de paso y acogida) no hace referencia a su crecimiento-tasa, sino a su densidad poblacional promedio en un coto; aunque su uso como hábitat sea solo momentáneo (en paso) o meramente temporal (en acogida o en ceba premigratoria).

El manejo racional de las migratorias exige por tanto diferenciar claramente entre estos dos tipos de calidades: no es lo mismo crecer mucho o poco numéricamente en un coto que cobrar muchas o pocas piezas en él.

Todas las especies cinegéticas sedentarias (y erráticas) pueden enmarcarse bajo pautas numéricas similares, entre sus calidades centrales "estables" mejores y peores (de la Iª a la Vª); dejando a un lado sus calidades más extremas e inestables (Extra y Marginal). Estas siete clases de calidad "generales", como ya hemos avanzado, no son nacionales, regionales, ni locales[30], sino que abarcan toda el área de distribución mundial *original* propia de cada especie (insistimos: no solo su área *actual*).

Aunque tal vez estas áreas naturales nunca hayan sido demasiado fijas, a la vista de la intensidad actual de la acción del Hombre y sus animales y de los previsibles efectos del cambio climático, todo parece indicar que en el futuro serán todavía más variables y tal vez distintas que de las hoy o de las del pasado, mejores o peores según casos y cotos; aunque es posible que, si no se atiende debidamente a la emergencia climática actual, tenderán a predominar globalmente las caídas de calidad estacional, que se añadirán a los inevitables cambios en las composiciones específicas de las biocenosis y a las más que probables pérdidas de biodiversidad (local y global) y movimientos de especies.

Como ya hemos ido avanzado, basta con distinguir para cada especie cinegética las siguientes siete clases de calidad estacional:

Calidad extra (E)

---

[30] *Las especies cinegéticas carecen de nacionalidad y de pasaporte, por más que muchos se empeñen en lo contrario. Las "autóctonas" de un agrobiosistema pasarán a ser "exóticas" si este cambia; y al revés: las exóticas pasaran a ser ahora las autóctonas. No es un problema de pasaporte ni de origen es una cuestión de adecuación al medio ambiental real.*

Es una calidad *rara e inestable* en una Naturaleza no intervenida intensamente por el Hombre: una situación "demasiado buena" que el ecosistema tiende a corregir a plazo más o menos breve; excepto que la acción humana persista, algo posible a veces en agricultura y ganadería; pero que resulta más bien raro en los recursos naturales propiamente dichos, y por tanto en la caza, por su mayor silvestrismo y marginalidad socioeconómica.

Introducidas en medios atípicos para ellas, algunas especies muestran una capacidad de crecimiento sorprendente respecto a sus áreas naturales propias; aunque las perturbaciones ecosistémicas locales suelen acabar limitando antes o después esta explosión inicial: algunas especies que inicialmente parecen ser invasoras acaban por encontrar sus propios límites en los ecosistemas que han invadido.

Exista o no hoy en el campo, con o sin el apoyo del Hombre, esta calidad extra establecería para cada especie su límite superior de calidad estacional: lo más que podría llegar a crecer (el límite inferior sería lógicamente el casi-cero). Por tanto, en el modelo de calidades estacionales que estamos proponiendo y desarrollando ahora, la calidad extra fija su límite superior.

Calidades intermedias

Más frecuentes y siempre más estables en el tiempo (interanualmente) que las dos extremas (extra y marginal). Se clasifican de la I^a a la V^a, desde la mejor a la peor.

Como ya hemos avanzado, la calidad que denominaremos TÍPICA, situada por razones ecosistémicas de competencia interespecífica, en la transición entre la III^a y la IV^a, es la más frecuente en los espacios naturales y la más estable de todas ellas. Es en la que, para cada especie *e*, hemos establecido su KTB (coeficiente tasa básico): el uno entre los diferentes coeficientes de calidad (KTC).

Cabe destacar en el marco de una primera aproximación técnica discrecional, común con otros recursos naturales renovables vivientes no cinegéticos:

1º/*Densidad*. La densidad del censo normal de una especie parece variar, entre los centros de sus calidades estacionales Iª y Vª, en cifras de proporción de uno a tres.

2º/*Coeficientes*. Lógicamente, los coeficientes tasa de calidad (KTC) varían con la calidad estacional, siendo uno en la calidad que hemos llamado típica (transición IIIª-IVª). En el marco de estas calidades intermedias, el KTC parece variar en proporciones próximas a 1,5 entre el centro del rango de sus calidades estacionales intermedias (de Iª a Vª).

3º/*Crecimientos*. El producto del censo referencial base normal (CAPÍTULO 7), variable entre las calidades Iª a Vª en el entorno de 3 (tal vez $\pi = 3,1416$), por las tasas normales de caza posibles, variables entre ellas en el entorno de 1,5 (tal vez $\varphi = 1,6180$), permite unas diferencias en los crecimientos referenciales normales, del orden de $\pi \times \varphi = 3,1416 \times 1,6180 = 5,0831 \approx 5$. Un orden de variación de uno a cinco que resulta bastante coherente con lo que puede observarse en campo, en cotos bien manejados pero con diferentes calidades de estación para una especie *e* cualquiera.

Por tanto, y a la vista de este orden de cifras, la identificación en cada coto de su calidad estacional para cada especie es cuantitativamente muy relevante, sin que jamás quepa recurrir a emplear como "receta" los manoseados datos típicos (KTB) de la calidad predominante (IIIª-IVª); aunque esta sea una práctica abusivamente usual.

Que la variación entre los crecimientos censales pueda llegar a ser de uno a cinco entre las cinco clases "centrales" de calidad así lo prueba. De aquí vienen muchos de los desastres poblacionales que suelen observarse en muchos cotos: cálculos no hechos, o mal hechos; pese a que en realidad es más bien sencillo el alcanzar unas aproximaciones bastantes.

En todos los casos, siempre será mejor proponer una aproximación técnica racional para el establecimiento de la calidad de un coto para una especie e, aunque a veces tenga que ser más o menos discrecional, que soslayar la realidad física de que este coeficiente existe y de que es cuantitativamente muy importante (no hablamos de algunas "decimitas"). ¿Cómo calcular igual las capturas de perdiz en las frías zonas del norte de España que en la mancha o en la campiña de Jerez de la Frontera?

Hablando de perdices. Si los cotos estuvieran bien manejados y sus poblaciones perdiceras estuvieran en su óptimo poblacional, las capturas promedio por cada 100 hectáreas perdiceras (promedio de capturas unos años con otros) según las diferentes calidades serían: Iª 50, IIª 35, IIIª 25, (Tª 20), IVª 15, Vª 10.

Estas cifras, podrían escandalizar hoy a no pocos cazadores por elevadas; porque muchos de los actuales perdiceros solo han cazado sobre poblaciones empobrecidas (censos infranormales respecto a su calidad de estación).

Recuperar los rendimientos normales es el verdadero beneficio de manejar la caza de forma sostenible. El campo puede llegar a dar muchas más perdices (u otras piezas de caza) que las que hoy da. Cazar bien es por esto muy rentable, social, ecológica y económicamente.

La caza desordenada abusiva, la caza banal, conduce a rendimientos bajísimos; basados en poblaciones marginalizadas socioeconómicamente, en las que las diferencias de calidad acaban por ser casi imperceptibles (porque los censos residuales resultan homogéneos). Es por lo que abundan los cotos que, con independencia de su potencialidad natural, apenas si alcanzan hoy las 1 ó 2 perdices cobradas por cada 100 hectáreas; un rendimiento inferior al de la calidad marginal, incluso en cotos de calidades significativamente mejores. Es el problema de cazar "a muerte" o "a caño libre": caza banal amparada a veces por artificios formales (planes técnicos, TAC, cupos, horarios…) que no logran encubrir las tristes realidades socioeconómicas de campo.

En el extremo contrario, algunos conocerán cotos excepcionales que, sin repoblaciones ni sueltas, han alcanzado históricamente hasta 100-120 perdices por cada 100 hectáreas y hasta más, algo que se recuerda mucho en los anales de algunos grandes cotos; pero que muy rara vez se ha podido mantener como promedio de varias anualidades de caza, incluso en las excepcionales condiciones de calidad de algunos cotos de la campiña de Jerez de la Frontera o de las Islas Baleares.

Hoy llegan a superarse estas cifras, incluso por mucho, mediante sueltas de perdiz de granja, para conseguir resultados de captura por cazador y día muy superiores a los naturales: puras carnicerías de boato, gallineros a cielo abierto, desacordes con la ética cinegética más elemental, con los principios básicos de la caza racional. Montoya 2022b.

Calidad marginal (M)

Es una calidad bastante frecuente y muy inestable en los medios naturales. En esta pobre calidad ecológica natural no suele ser necesario efectuar capturas significativas, e incluso, en sus límites inferiores, cuando se somete a una especie a capturas significativas, pueden llegar a aparecer colapsos biológicos para ella; por causas diversas, incluida la consanguineidad por escasez de censo y otras[31].

Diríamos que en estas calidades tan bajas las especies muchas veces no se comportan a efectos de manejo como verdaderos recursos cinegéticos, lo que no les priva de su condición de valores naturales o de la necesidad de gestionar determinados usos paisajísticos u otros de las mismas.

Hay que entender y asumir que las especies cinegéticas tienen zonas en las que se pueden cazar poco, muy poco, e incluso nada. El deber de los cazadores es saberlo y hacerlo cumplir en defensa de sus propios cotos, especies e intereses.

Tablas de producción cinegéticas

Al margen de las precisiones generales que hemos expuesto, las *tablas de producción cinegética* son en este sentido reveladoras y fundamentales, al establecer la cuantía de las existencias, tasas y crecimientos esperables que resultan (resultarían) biológicamente normales en cada una de las diferentes calidades estacionales en las que pueda llegar a vivir una especie cinegética cualquiera.

Aunque inicialmente estas tablas deberán seguir siendo en muchos casos una aproximación técnica solo racional y más bien discrecional, son un tema de investigación esencial para todo tipo de manejo de las especies cinegéticas y sus cotos; una cuestión de muy urgente propuesta y solución en el ámbito de lo cinegético.

---

[31] *Los últimos rebaños de las especies gregarias en extinción (recordemos el caso del bucardo) suelen ser de tan pocos ejemplares, que en ellos no se disparan adecuadamente los mecanismos de celo y la extinción acaba siendo inevitable.*

Evidentemente, no se puede seguir más en la actual carencia de criterios, datos y sistematización de la cinegética ¿Hacia dónde vamos?

En cada coto, la calidad estacional para una especie cinegética puede variar entre las distintas fases del algoritmo (FIGURA 2) y entre las sucesivas revisiones de ordenación (FIGURA 1); ya sea por efecto de las actuaciones de fomento, por razones ecológicas sucesionales más o menos naturales, o por otras causas. Por ejemplo, por cambios en los usos del suelo o en la agricultura, y siempre con el ojo puesto en los posibles efectos del cambio climático.

También puede variar en periodos de tiempo mayores o incluso menores que el periodo de ordenación (intervalo usual entre revisiones). Todos los cazadores veteranos conocen excelentes cazaderos de perdiz que, tras el abandono de los cultivos y el rebrote de los tallares de frondosas, especialmente de la encina, han dejado de serlo, para pasar a ser más bien cazaderos de otras especies: conejo, jabalí, corzo…

Periodicidad (KTP)

Para el manejo de las especies cinegéticas migratorias, se repite, de forma monótona y aburriente, que deben alcanzarse los oportunos acuerdos internacionales (¿Con quienes?), con lo que su manejo se pospone así *sine die* y sin datos fiables, y el manejo de las especies migratorias pasa a ser en la práctica meramente banal y nunca ordenado (Montoya 2022b); una cuestión "asamblearia". Así están como están buena parte de las especies migratorias.

La realidad de la evolución en campo de los censos de las especies migratorias es prueba bastante e indiscutible de lo dicho. Casi por todas partes, una vez esquilmadas la especies sedentarias (caza banal), la caza, igualmente banal, pasa a concentrarse sobre las migratorias, que soportan finalmente una buena parte de las jornadas de cazador ejecutadas. Todavía muchos recuerdan (recordamos) cuando no se gastaba un cartucho para un zorzal, una tórtola o incluso una codorniz; también aquellos tiempos durante los que muy pocos se dedicaban a la rebusca de la becada. ¿Qué hacemos hoy?

Un cartucho, lejos ya los tiempos de la recarga, vale en nuestros días relativamente poco respecto a los salarios actuales; pero es que, además, antes había abundantes piezas sedentarias, como la perdiz, la liebre o el conejo, en las que invertir las ilusiones y el esfuerzo de los cazadores. Sedentarias y migratorias, a efectos de manejo no están tan separadas entre sí como suele creerse, bien al contrario, las interacciones entre ellas son múltiples y su manejo es asimilable, con tan solo algunas variaciones en los coeficientes de las tasas a aplicar.

La cuestión de fondo, en migratorias como en erráticas, radica en que el gestor de todo coto debe obligarse a *conseguir cazar todo lo que debe y solo lo que debe* (*Principio de obligación*); para conseguir alcanzar así *lo global desde lo local*: el buen manejo global de las migratorias, desde su buen manejo local en cada "coto" ¿Para qué tanto rollo internacionalista? ¿Más pompas y vanidades congresuales, más reuniones sobre y para la nada más absoluta, para encubrir unas conclusiones redactadas de antemano, para nuevos proyectos de investigación en ámbitos aledaños a la cinegética?

El coeficiente de periodicidad (KTP) es un claro coeficiente de *solidaridad* entre cotos y gestores: a cada uno lo suyo y, entre todos, a cumplir solidariamente con el *Principio de obligación*.

Si la duración del periodo hábil total para la caza de una especie (migratoria o errática) es en su área de caza global P y el periodo para su caza en el coto manejado es p (siendo siempre $P \geq p$), su tasa de caza deberá multiplicarse por este coeficiente reductor

$(KTP = p/P \le 1)$. Lógicamente, en las especies sedentarias su KTP es igual a uno.

Durante el resto de su periodo de caza, cuando esa especie no esté "aquí", debería ser captada por otros "allí", con igual derecho y deber de cazar ¿Pero se cumple?

Foraneidad (KTF)

No siempre están bien manejados todos los cotos aptos para cazar una especie *e*; por lo que no siempre se cumple o puede cumplirse la anterior solidaridad entre cotos y gestores (KTP). En algunos espacios, algunos muy distantes (migratorias) y otros menos (erráticas, y efectos-borde entre cotos colindantes, por manejo, querencias, fugas, sumidero…), pueden estar practicándose capturas escasas, correctas o excesivas; por lo que este coeficiente tasa de foraneidad (KTF), a escala local y según casos, puede y debe ser mayor, igual o menor que uno.

De carácter discrecional, dados los intereses contradictorios que convergen en la práctica, no es fácil proponer para este KTF un dato honrado y aceptable por todos; pero siempre será mejor una aproximación técnica racional, por aproximativa que sea, que ignorar el hecho de que este KTF existe y que en muchos espacios es cuantitativamente importante. Los frecuentes e intensos conflictos de colindancia y de mala vecindad entre cotos así lo prueban. No hay cazador veterano que no los haya vivido o tenido que padecer.

Este es un coeficiente de *subsidiariedad* que busca asumir en cada coto las responsabilidades pendientes, a la escala de actuación local y a la vista de la globalidad del problema: tú no lo haces, o no puedes hacerlo, o lo haces mal… pues yo actuaré en consecuencia, priorizando siempre en mi coto el estado poblacional ideal a conseguir y alcanzar para cada especie cinegética. En otras palabras: nuestra fauna y la fauna de todos, por encima de nuestros intereses particulares.

Atipicidad (KTA)

Este coeficiente evalúa las variaciones poblacionales, atípicas y en principio inevitables, ajenas a las capturas programadas: impactos atípicos sobre *e* de otros valores, usos y recursos, furtivismo, depredación, enfermedades y plagas (distintas, en su esencia o en su intensidad, de las de debilidad o equilibrio propias del ecosistema), degradación genética (selección negativa, repoblaciones inadecuadas…), accidentes, contaminación y envenenamientos, daños abióticos extraordinarios…

Este coeficiente puede ser mayor, igual, o menor que uno: mayor que uno, lo que elevaría las tasas locales de captura, cuando se controlan intensamente los factores de perturbación de debilidad o equilibrio propios del ecosistema (por ejemplo, los depredadores naturales), algo solo aconsejable dentro de determinados límites; igual a uno, en las condiciones naturales más típicas o frecuentes; y menor que uno, en presencia de alguna o algunas de dichas condiciones atípicas.

Un ejemplo muy claro de atipicidad es el del conejo y sus enfermedades; también lo son los daños de algunas semillas y tratamientos agrícolas... El conejo se irá curando, la agricultura irá siendo a cada día más compatible con la caza; pero, mientras tanto, este coeficiente deberá absorber todo tipo de daños atípicos, reduciendo, a título preventivo o cautelar, la tasa local estable de captura a través de este KTA (*Principio de precaución*).

Si los animales de una especie mueren por encima de lo normal por alguna razón (por ejemplo semillas inadecuadamente tratadas), habrá que reducir en lógica consecuencia las capturas a efectuar. El efecto equivale en la práctica a una reducción de la calidad estacional (porque realmente lo es).

Las interacciones negativas que en ocasiones se producen entre la caza, la agricultura, la ganadería y los montes, muchas veces vienen compensadas por otras interacciones positivas; por lo que debe de extremarse siempre la prudencia a la hora de evaluar el balance real de los diferentes impactos positivos y negativos.

Como norma general: no suele haber caza sin un buen manejo de los demás recursos agrarios. Recordemos que nunca se deben desguazar los agrobiosistemas, ni analizarlos solo desde las perspectivas de cada uno de sus componentes: las interacciones mandan, la caza en sí misma no basta.

Recordar los casos del urogallo, la avutarda, la perdiz pardilla o el oso, e incluso en amplias zonas la misma perdiz, la liebre o el conejo, como sucede también con la codorniz y la tórtola, creemos que resulta relevante a efectos de atipicidad.

Demasiada gente busca un culpable, una cabeza de turco, en vez de cazar de forma racional, ajustando sus capturas y cacerías a las variables condiciones ecológicas reales de cada coto: la calidad que antaño hubo tal vez no es ya la de hoy, ni tampoco será la de mañana…

En ocasiones este KTA podría llegar a variar según fases (FIGURA 2), cuando entre ellas varíen los factores de predisposición a los agentes de perturbación (FIGURA 3).

Estado-cuantía (KTE)

En cada coto y fase, el crecimiento del censo referencial base de una especie cualquiera *e* (CAPÍTULO 7), suele estar afectado por desviaciones significativas entre la densidad real de su censo referencial base por unidad de superficie del coto (genéricamente BDRe, y según fases BDRAe, BDRINe, BDRICe y BDRPea) y su densidad referencial censal ideal biológicamente normal (BDRINe). De aquí la necesidad de identificar, establecer y aplicar este coeficiente de estado-cuantía propio de cada especie (KTEe) que según fases será: KTEAe, KTEINe (que por definición es igual a 1), KTEICe y KTEPea.

En otras palabras: las especies crían mal cuando sus ejemplares son muy escasos y también cuando son demasiados; pero crían bien cuando son los debidos ¿Qué otra cosa es manejar la caza? ¿Qué otra cosa estamos buscando para mejorar nuestras capturas y cacerías en un marco de sostenibilidad local y de desarrollo sostenible global?

No pocos cazadores (previamente escaldados) piensan que los técnicos y los científicos solo pretenden limitar los resultados y las cacerías. A veces, muchas más de las debidas, pueden tener razón; pero las oportunidades contrarias existen y pueden potenciarse. Un buen técnico, un buen científico, incluso una buena Administración, pueden y deben ser los aliados naturales de la caza y de los cazadores.

En ausencia de otras vías alternativas, por ejemplo, censos por deriva de resultados de captura (CAPÍTULO 9), suele establecerse el KTEAe por censado directo cuando esto sea posible y viable o, en los demás casos, por aproximaciones técnicas racionales.

Por su parte, el coeficientes tasa de estado periódico, propio de cada especie *e* durante cada anualidad *a* del periodo de ordenación (KTEPea) será inevitablemente un resultado de los cálculos algorítmicos: del diseño y cálculo de sostenibilidad de las estructuras cinegéticas que venimos desarrollando.

Según la llamada "Ley de EICHNOR" (FIGURA 6), derivada de la curva sigmoide, establecida desde muy antiguo para el estudio del crecimiento de los bosques madereros y generalizada posteriormente a los demás recursos naturales renovables vivientes (Montoya 1981, Montoya 1999b), con biomasas locales aproximadamente normales, situadas entre de los 2/3 y los 4/3 de la cuantía de la densidad poblacional normal, y que es a su vez aproximadamente igual al 50 % de la capacidad de carga de su ecosistema en la calidad estacional local, el crecimiento poblacional anual será más o menos similar al biológicamente normal para la especie en el coto: el máximo crecimiento anual, la llamada "máxima renta en especie", el mayor número de piezas de caza que es posible lograr de forma natural (FIGURA 5).

A ambos lados de dichos límites, y tanto por exceso como por defecto de biomasa, el crecimiento anual decae, llegando a hacerse prácticamente cero, tanto en la casi-ausencia de existencias o censos (lógico[32]) como en las proximidades del límite de capacidad de carga del ecosistema (algo menos evidente: estancamiento poblacional); al tiempo que en ambos casos se incrementa la tensión ecológica y el riesgo de actuación intensa de los procesos de perturbación (FIGURA 3).

Por sencillez y operatividad técnica, y aunque tal vez podrían proponerse aproximaciones matemáticas más precisas, pueden esquematizarse las cuantías de este KTEe en tres grandes bloques: censos escasos, censos excesivos, y censos intermedios (FIGURA 10).

A cada uno de esos bloques le corresponde una forma de estimar su KTEe que suele resultar suficiente en una primera

---

[32] *Lógico, porque si no hay madres no hay crías, y porque en poblaciones demasiado escasas la presión de los depredadores (incluido en Hombre) se hace casi inmediatamente excesiva (es el llamado "pozo de la depredación"). Primero depredamos el censo y luego culpamos a los demás depredadores ¿Y si probamos a cazar bien, en vez de buscar falsas "cabezas de turco"? ¿Por qué matan tanto a las últimas perdices y a sus pollos los depredadores? ¿Por qué no consiguen sacar adelante a sus crías como antaño?*

aproximación, dado que la verdadera imprecisión de los cálculos cinegéticos suele residir mayormente en el establecimiento de los censos referenciales (CAPÍTULO 7) y en sus consecuentes densidades poblacionales reales por unidad de superficie (por cada 100 hectáreas de coto para cada especie cinegética e).

Algunas especies animales, y en especial las cinegéticas, presentan mecanismos (fuente-sumidero) de concentración poblacional en los mejores lugares, cuando sus poblaciones son más bien escasas, o por el contrario de dispersión espacial cuando son demasiado densas (territorialidad), paliándose así esta cuestión de distancia a la densidad biológica normal a escala puntual; aunque seguirán subsistiendo buena parte de los efectos KTEe, sobre todo a la escala de manejo de los cotos muy extensos. Estos mecanismos de reequilibrio no pueden producirse en ausencia de los corredores ecológicos que los animales puedan precisar para efectuar estos desplazamientos; por ejemplo, por efecto de los cercados cinegéticos.

Finalmente, las densidades reales de las biomasas o de los censos cinegéticos reales pueden ser en la práctica:

1º/*Censos escasos*. Cuando una BDRe (según fases BDRAe, BDRICe o BDRPea) sea genéricamente menor de los 2/3 de su BDRINe, su KTEe es del orden de 1,5. Sin embargo, y aunque esta escasa biomasa real crezca a mayor ritmo que en el estado de normalidad, su crecimiento resultará menor que el normal, al ser tan escasa.

Por razones asociadas a los procesos de perturbación, estas tasas mejoradas no se producen en el caso de las biomasas demasiado escasas, en las que incluso pueden llegar a aparecer procesos de colapso biológico poblacional; sobre todo en unidades biológicas estrategas K. Es difícil proponer este límite crítico, aunque en una primera aproximación técnica *discrecional* puede fijarse entre 1/6 y 1/12 de la biomasa normal, siendo tanto mayor cuanto más estratega de la *K* sea la especie.

2º/*Censos intermedios*. En censos referenciales intermedios, con BDRe situadas entre los 2/3 y los 4/3 de su BDRINe, el crecimiento, aunque algo menor, es próximo al normal, y su KTEe es uno o casi igual a uno. El manejo práctico, que rara vez alcanza una gran precisión por las diversas razones avanzadas anteriormente, tiene todo este amplio margen de seguridad (de 2/3 a 4/3) frente a posibles azares, errores, etc.; lo que muchas veces pone en entredicho el frecuente recurso a la "Falacia del Nirvana": la precisión como obstáculo para el progreso. No hablamos de "decimales"

Mientras las BDRe sean mayores de los 2/3 de la BDRINe, pero menores que la BDRINe, sus componentes crecerán algo más deprisa, su KTEe será algo mayor que 1,0 y en total crecerán aproximadamente lo mismo que en el estado de normalidad; pero con mayor vigor y salubridad.

Mientras las BDRe sean mayores que la BDRINe, pero menores que los 4/3 de BDRINe, sus componentes crecerán algo más despacio, su KTEe será algo menor que 1,0 y en total crecerán aproximadamente lo mismo que en el estado de normalidad; pero con menor vigor y salubridad.

Solo con unas BDRe iguales a uno (BDRe = BDRNe) se alcanzará el máximo crecimiento anual y el óptimo de vigor y salubridad de la población; pero, con el tiempo, el propio crecimiento biológico de la especie se encargará de rebasarla. Habrá que cazar por tanto el excedente aparecido ¿o no?

3º/*Censos excesivos*. Cuando la densidad de los censos BDRe resulte excesiva, por ejemplo por insuficiente presión de caza (BDRe > 4/3 BDRINe), los crecimientos se reducen significativamente respecto al estado de normalidad y su KTEe será del orden de 0,75, presentando el conjunto menor vigor y salubridad y mayor riesgo de actuación intensa de los agentes de perturbación; pudiendo llegarse incluso al estancamiento poblacional, con práctica anulación del crecimiento total y con reducción y paralización temprana del crecimiento individual (paliado en ocasiones por la propia, enriquecedora y selectiva, diversidad poblacional interna, ya sea esta debida a diferenciaciones genéticas o estacionales).

Los componentes de estas cuantías excesivas crecerán más despacio que en el estado de normalidad y su KTEe irá decayendo con la mayor densidad de biomasa desde el mencionado 0,75 hasta llegar incluso al mismísimo 0,0 (excepto el posible efecto de la ya mencionada selección interna).

Rara vez es posible acumular durante mucho tiempo grandes excesos de biomasa poblacional: grandes excesos de censo. Normalmente el ecosistema actuará, antes o después, mediante sus diferentes procesos de perturbación (CAPÍTULO 1. FIGURA 3), conforme la biomasa se vaya aproximando peligrosamente a la capacidad de carga del ecosistema (2 x BDRINe) y, sobre todo, cuando circunstancialmente logre superarla. No pocos cazadores conocen casos de cotos, no cazados durante bastante tiempo, en los que no existen muchas más piezas de caza que en los de su entorno; conocen pues que la no-caza no conduce a nada e incluso llega a ser negativa: pura ecología.

Por todo ello, posponer en exceso el control de la densidad poblacional, no cazar lo debido y a su tiempo, presenta serios riesgos de estancamiento de la biomasa censal total y de decaimiento de los individuos que la componen.

Además, se incrementa así el sufrimiento vital total de los animales muy por encima de lo inevitable, hasta llegar a extremos de crueldad con ellos éticamente inadmisibles;

diríamos, por tanto, que los animales tienen "derecho" a vivir en unas condiciones de densidad poblacional naturales, razonables, reguladas, en las que desarrollar plenamente su vida, su etología y su biología normales: tienen derecho a ser cazados.

Creer que lo mejor, lo ideal, es que haya muchos animales, es un serio error desde todas las perspectivas tanto ecológicas como de bienestar animal. La no-caza es tortura.

Por todas estas razones, las actuaciones de control de la densidad poblacional (FIGURA 11) son típicas en el manejo de todos los recursos naturales renovables vivientes y no solo en la caza. También en la pesca, los bosques, los pastos…

En principio, en las prácticas eco-culturales usuales se suelen reducir las existencias o censos, a no menos de esos 2/3 de las existencias normales (excepto razones de tipo, calidad o precio de los productos, o de los intereses de los capitales invertidos); para dejarles después alcanzar e incluso superar el estado de normalidad biológica, aunque sin permitirles llegar a superar significativamente los 4/3 de la normalidad antes de volver a controlar la densidad. Oscilaciones menores que estas en torno a la normalidad estricta (diríamos una oscilación o "histéresis" más reducida) son de gestión más compleja y cara; pero son más seguras y presentan menores variaciones, impactos y riesgos, así como un crecimiento algo mayor (aunque un parco incremento de un 10 % sería ya un verdadero "éxito").

Lógicamente esta reducción de la biomasa poblacional, siempre que sea posible, debe concentrarse preferentemente sobre aquellos elementos de su composición interna (sobre aquellos individuos), cuyo control resulte en cada caso más favorable a la sostenibilidad y al desarrollo sostenible; es decir en la caza selectiva, siempre que esta sea posible[33]. Después de todo es lo que suele hacer la Naturaleza por sí sola: eliminar los más débiles en beneficio de los más fuertes. Esto sí: suele hacerlo de formas mucho más crueles e irracionales que a través de la caza moderna.

Estos controles de densidad, estrechamente relacionados con los crecimientos poblacionales, no deben confundirse con los ajustes de densidad relacionados con el control de edad; aunque en algunos casos ambas actuaciones (control de densidad y control de edad) se ejecutan juntas, por ejemplo, en el caso de las cazas en batidas (ojeos, monterías...) que implican simultáneamente un control directo de la densidad y un control indirecto de la posible edad máxima estadísticamente alcanzable por sus individuos.

Estado-distribución (KTZ)

En cada coto, la biomasa censal cinegética total presente en él se distribuye internamente según su:

1º/*Composición específica*. Reparto de dicha biomasa total entre las diferentes especies que puedan llegar a convivir y competir entre sí dentro del mismo espacio; por ejemplo, las distintas especies de caza mayor y de ganado presentes en un coto.

Las poblaciones mixtas suelen ser biológicamente más estables y productivas, por su mejor aprovechamiento de la diversidad interna y de la variedad de oportunidades de su biotopo, que suele ser casi siempre bastante más diverso de lo aparente, y por los omnipresentes mecanismos naturales de reducción de la competencia interespecífica, por segregación entre sus nichos ecológicos por razones temporales de periodo anual y horario

---

[33] *No suele serlo en el caso de la caza menor.*

de actividad por día, o de selección de una alimentación diferenciada, agentes de perturbación distintos, etc.

2º/*Densidades espaciales*. Cantidad de biomasa de cada especie cinegética *e* por unidad de superficie (densidad poblacional) y su forma de presentación, con o sin agregados, ya sea por su propia biología, la acción del Hombre, u otras posibles variaciones; por ejemplo, las internas dentro del biotopo. Un ejemplo muy claro de presentación en agregados es el del conejo de monte que suele concentrarse en el entorno de sus barranquillos, zarzales y zonas de cados, dejando muchas veces amplias zonas aledañas casi vacías.

3º/*Sexos*. La relación de sexos (X) es el número de hembras partido por el número de machos, establecida en la práctica cuando y desde que ambos sexos resulten fácilmente diferenciables a efectos censales (técnica y económicamente) y referida siempre a una fecha predeterminada de censado: la fecha referencial propia de la especie (CAPÍTULO 7).

En la práctica esta relación afecta sobre todo a algunas especies de caza con sexos muy claramente diferenciables entre sí, usualmente de caza mayor. En la caza menor no suele presentarse una diferenciación de sexos significativa, lo que no implica que no pueda actuarse por sexos con algunas otras especies de la menor; por ejemplo, en la caza de la perdiz con reclamo macho. Una cuestión que se une a otras múltiples cualidades de esta caza: la caza de captura en vivo menorquina, las diversas tradiciones y culturas del "cuquilleo", etc.

4º/*Edades-Dimensiones*. Pirámide poblacional por clases de edad-dimensión establecidas, según casos, en años reales o en edades presuntas deducidas a partir de sus clases de dimensión física; pues la combinación de la edad con la calidad estacional conduce a una distribución normal concreta de las dimensiones, lo que tiene singular interés en el caso de la caza mayor; pero que puede determinarse por análisis de capturas en la menor[34].

5º/*Condiciones individuales*. Las propias de los individuos que componen los censos según su vigor, calidad, dominancia relativa y estado individual (salubridad, edad, daños previos o latentes, o efectos previos de los factores de perturbación). Una vez más se abre la puerta a la caza selectiva especialmente en el caso de la caza mayor. En el caso de la menor, una cierta presión de los depredadores sobre ella suele ser necesaria, para eliminar los individuos pero dotados. Los cazadores conocen bien la bravura extrema de la perdiz roja en zonas con abundancia de depredadores, una cuestión etológica (por supuesto), pero tambíén genética (selección).

6º/*Otras*. Además, en los casos en que resulten relevantes: diversidad, estacionalidad, fenología y etología locales. La mayor parte de las especies cinegéticas presentan diferencias locales significativas en estos sentidos; "encarte" de sus condiciones reproductivas con el entorno natural propio de cada coto.

Cuando las distribuciones establecidas por la acción del Hombre y sus animales sean distintas de las biológicamente normales, ya sea en su composición específica, reparto, densidades, sexos, edades-dimensiones, condiciones individuales, u otras, el crecimiento resultante para una especie concreta puede ser mayor o menor que el normal. Usualmente se busca un crecimiento mayor, aunque el valor económico de las distintas capturas puede llegar a modificar este objetivo; por ejemplo, en la caza de grandes trofeos.

---

[34] *El problema es que los diferentes sexos y edades suelen tener una cazabilidad diferenciada (CAPÍTULO 5), lo que suele falsear los datos obtenidos a partir de resultados de caza (muestreo sesgado).*

Es importante destacar que, dado un modelo de capturas, la pirámide poblacional resultante es única, y será fija mientras dicho modelo no varíe (Montoya 1999a). Las desviaciones intencionales respecto a las pirámides biológicamente normales son frecuentes en diversos recursos. Usaremos aquí, como ejemplos, referencias zootécnicas del ganado doméstico y de la caza mayor, porque son asimilables a estos efectos y por razones de mejor comprensión del concepto subyacente.

1º/*Ganado*. Respecto a lo que sería una población natural de una especie ganadera cualquiera (diríamos "antes de su domesticación"), en el manejo zootécnico del ganado doméstico suele reducirse al mínimo imprescindible el número de machos reproductores y el de los jóvenes de ambos sexos destinados al "renuevo" por desvieje del rebaño de sus padres; dándose preferencia a las hembras de cría (porque paren) y al número de ejemplares jóvenes excedentes a vender (porque son "el dinero").

La llamada unidad zootécnica o UZ es la suma de los animales que, en cada caso, acompañarían a una hembra de cría (Fracción de Machos + 1 Hembra + Fracción de Renuevo para ambos) y que, en su conjunto, generarán el excedente a extraer.

La UZ varía con la especie, raza y tipo del ganado, y con la producción pretendida. Por ejemplo, no es igual en el ovino que en el caballar, no es igual en la vaca para carne que en la cría del toro bravo o para carne de buey, para el lechal navideño español que para la musulmana fiesta del cordero[35]... Optimizar en cada caso estas pirámides poblacionales, estas UZ, es esencial en toda producción ganadera racional (Montoya 2013).

____

[35] *Para la que alcanzan un elevado valor los ejemplares machos de más de un año; lo que les hace el objetivo principal de la cría.*

Algo muy parecido sucede con la caza mayor, que en muchas ocasiones repite (simula) los modelos eco-culturales propios de la ganadería. No permite esto el realizar afirmaciones, muy extendidas, tales como que la caza mayor es una ganadería extensiva practicada con animales silvestres; porque las diferencias en su medio ambiente y en su manejo son enormes. Otra cosa es confundir los simples balances económicos (ganadería extensiva) con la genuina y siempre compleja sostenibilidad (pastoralismo). Se quiera entender, o no: la ganadería extensiva es a la economía agraria lo que el pastoralismo es a la sostenibilidad y al desarrollo sostenible.

2º/*Caza mayor*. Como sucede con el ganado, las distintas especies cinegéticas, producciones, sexos, edades y "especies infra-específicas"[36] (machos, hembras, crías, selectivos, comunes, medallables, grandes trofeos…) susceptibles de aplicación y control diferenciados, son interdependientes entre sí (a través de las parideras de las hembras) y terminan estableciendo, en cada caso y según el modelo de caza seguido, el KTZe propio de cada "especie infra-específica" (Montoya 1999a).

Una vez segregadas entre sí todas las "especies infra-específicas" de la caza mayor, cada una de ellas tendrá su propio KTZe, por su interdependencia natural a través de las tasas de crecimiento y del proceso de caza a seguir: tasa de incorporación a cada "unidad elemental" y excedente neto a extraer de ella.

Cálculo de tasas

Tasas locales estables

En cada coto y en cada fase de su algoritmo, las tasas locales estables de caza de una especie *e* (genéricamente TLEe) son la fracción de su censo referencial base (CAPÍTULO 7) cuya captura conduciría a su perpetuación poblacional indefinida y estable; al ser la cuantía de dicha captura igual a su crecimiento poblacional (CAPÍTULO 3. FIGURA 7).

Es destacable que en el crecimiento bruto inventarial, y respecto a la posibilidad neta final de captura, estamos incluyendo las posibles piezas no cazables, las no comercializables, y las marginales; así como las posibles incompatibles de captura existentes en cada caso (especie, coto y fase de su algoritmo). FIGURA 7. Estamos por tanto sobreestimando las capturas.

Parte de todas estas no-capturas deberán ser abandonadas (provisional o definitivamente); pero otra parte deberían ser extraídas por razones genéricas de gestión (regulares, de urgencias, excepcionales, o extraordinarias), usualmente en el marco de financiación de los costes de defensa y daños, o en el de los costes de fomento biológico. FIGURA 8.

A los efectos que nos ocupan, al crecimiento bruto inventarial habrá que descontarle solo las piezas que, al título que sea, deban ser finalmente abandonadas: las piezas "no cazables", que siempre serán un determinado porcentaje de este (% no cazable). Finalmente:

Crecimiento bruto inventarial – Piezas en abandono =
Posibilidad neta final de captura + Capturas de gestión

El conjunto de las no-capturas de una especie *e* suele quedarse como "no cazadas" por razones de naturaleza socioeconómica de la presión cinegética regular de aprovechamiento finalmente ejercida sobre *e* por razones socioeconómicas (CAPÍTULO 6). Será la gestión la que deberá tratar de capturar la fracción que en cada caso convenga y sea posible extraer: las llamadas capturas de gestión.

La cuestión, para cada coto y especie e, sería ahora: ¿Y si el censo referencial base actual de e que tenemos en el coto, no fuera igual al ideal que queremos para e? ¿Qué conseguiríamos manteniéndolo indefinidamente igual a sí mismo? Sin embargo, en no pocas ocasiones, se pretende seguir con esta forma de actuación tan poco racional: se establece un censo (CAPÍTULO 7) y se le atribuye una tasa específica y, multiplicando ambos, se determina un crecimiento bruto inventarial. Después se trata de capturar este, en la idea de que las cosas se quedarán como están (como si todas las piezas presentes fueran piezas cazables); pero ni siquiera esta hipotética perpetuación sería sostenibilidad[37]. Esta rudimentaria estrategia, tan extendida, resulta demasiado simple como para ser real en los medios naturales; demasiado sectorial como para ser "verdad", a los complejos efectos de sostenibilidad y desarrollo sostenible que ahora nos ocupan: dos asuntos extremadamente complejos.

Los datos referentes a cada uno de los coeficientes-tasa precisos para calcular las diferentes TLEe de una misma especie e pueden ser, según casos, datos de naturaleza general (procedentes de la investigación científica general), inventarial (toma de datos recogidos en el mismo espacio), o bien pueden ser datos establecidos inicialmente mediante alguna o algunas de las que hemos llamado aproximaciones técnicas racionales.

Porque en su mayoría se trata de datos locales propios de cada coto, estos datos inicialmente "aproximados" y los resultados algorítmicos obtenidos con ellos, deberán someterse a posteriores

---

[37] *No pocos confunden sostenibilidad con perpetuación.*

procesos de investigación heurística; para su ajuste progresivo y continuo a la compleja y variable realidad ambiental de cada caso (FIGURA 1).

A efectos de manejo, las tasas locales de cada *e* pueden ser varias, y se calculan en cada caso (coto, fase y especie):

1º/*Tasa local estable actual (TLEAe)*. Como ya hemos avanzado, es la parte del censo referencial base actual de una especie *e* (BDRAe) que puede cazarse de manera estable: la que teóricamente haría al censo indefinidamente igual a sí mismo (CAPÍTULO 7). No debe confundirse esta TLEAe calculada, con la tasa de caza fáctica que se venga aplicando hasta hoy en el coto a manejar que, sobre todo en el caso de las migratorias y erráticas, puede ser mayor, igual o menor que la que debería ser.

En el cálculo de la TLEAe pueden llegar a intervenir todos los coeficientes-tasa (KT) que ido hemos desarrollado hasta aquí; aunque alguno de ellos pueda ser finalmente uno, por ejemplo, el KTPe en el caso de las *e* sedentarias. Resulta genéricamente:

$$TLEA = KTB \times KTC \times KTP \times KTF \times KTAA \times KTEA \times KTZA$$

Insistimos: ¿Cómo pretender aplicar una tasa única por especie cinegética (el solo KTB), cuando los factores de variación son tantos y pueden llegar a ser elevados? Pero así se está haciendo, así se está enseñando, y por eso pasa lo que pasa en la realidad de campo ¿Seguir en un mismo paradigma?

2º/*Tasa local estable normal (TLENe)*. Es la parte del censo referencial base ideal normal (BDRINe) que puede o podría cazarse de manera indefinidamente estable (CAPÍTULO 7). La tasa local estable normal se calcula como la tasa local estable actual, excepto en lo que concierne a los coeficientes de estado-cuantía (KTE) y de estado-distribución (KTZ) que son uno en el estado de normalidad biológica. Resulta, por tanto y genéricamente:

$$TLEIN = KTB \times KTC \times KTP \times KTF \times KTAA$$

3º/*Tasa local estable de compatibilidad (TLECe)*. Es la parte del censo referencial base ideal de compatibilidad (BDRICe) que puede cazarse de manera estable (CAPÍTULO 7). El BDRICe se diferencia del BDRINe por razones ambientales globales (sociales, ecológicas o económicas). Es decir: no solo naturales, no solo biológicas. Refleja aquellas ocasiones en las que el censo normal no se considera "automáticamente" el ideal: cuando el censo normal pudiera llegar a causar daños ambientales insostenibles de cualquier tipo (en montes, pastaderos y cultivos, en vías de circulación, sanitarios, etc.) o, por el contrario, cuando por alguna razón se prefiera mantener censos algo superiores a los biológicos, aceptando los riesgos inherentes a esta estrategia (más fácil observación y fotografía de los animales, o mayores rendimientos en capturas por jornada de cazador[38]).

Por ejemplo, en el caso del lobo ibérico deben mantenerse sistemáticamente censos de compatibilidad (local) por razones de control de sus posibles daños (BDRICe), pues sería utópico y hasta disparatado el pretender mantener para esta especie censos de normalidad biológica (BDRINe). Conciliar en cada coto el lobo con el ganado, la caza y otros múltiples y diversos intereses humanos, exige proponer un BDRICe adecuado, a ensayar heurísticamente en cada caso: BDRICe ≤ BDRINe. Lo mismo cabe decir con el oso, los cérvidos, el jabalí, el conejo…

---

[38] *El abuso en este sentido fue el que disparó el primer ataque histórico de sarna de la montés en la sierra de Cazorla. Los que ha habido en otros lugares y momentos, con la cabra y otras especies, están también relacionados con excesos similares.*

El cálculo de la tasa local estable de compatibilidad resulta final y genéricamente:

$$TLEC = KTB \; x \; KTC \; x \; KTP \; x \; KTF \; x \; KTAA \; x \; KTEI \; x \; KTZI$$

Tasa local periódica

En cada coto, para cada especie e definimos su tasa local periódica de captura (TLPe) como la parte de su censo referencial base periódico (CAPÍTULO 7) que en cada anualidad a del próximo periodo de ordenación (BDRPea) puede y debe cazarse. A diferencia de las anteriores tasas estables (actual, normal y de compatibilidad), y excepto en poblaciones que se encuentren ya en el estado ideal pretendido para una especie e (ya sea este de normalidad biológica o de compatibilidad ambiental), las tasas locales periódicas no pretenden mantener estables los censos, sino todo lo contrario: hacerlos variar progresiva y gradualmente, para tratar de ir, en cada coto y para cada especie e, dentro del plazo de convergencia preestablecido por la ordenación (PC), desde el censo referencial base actual (BDRAe) hasta el censo referencial ideal pretendido (BDRINe o BDRICe según casos), aplicando para ello la correspondiente variación de ordenación (VOe).

Esta será la tasa que se aplicará a cada especie e en el coto concernido durante el próximo periodo de ordenación; es decir: la tasa principal que estamos buscando para ponerla después en obra: la tasa que finalmente aplicaremos, en principio[39], en la realidad.

---

[39] *Decimos "en principio", porque en determinadas especies, el proyecto de plan anual del coto para una anualidad a, podría tener que recalcularla posteriormente, para adecuarla a las peculiaridades de esta (anualidades "buenas" y "malas" para una especie e). CAPÍTULO 10.*

Procesos de convergencia censal. Variación de ordenación

Los procesos de convergencia censal aspiran a conducir los censos referenciales actuales de cada especie *e* (BDRAe), hacia y hasta, el considerado ideal para ella: el "objetivo BDRIe" que, según casos (cotos y especies), podrá ser de normalidad biológica (BDRINe) o de compatibilidad ambiental (BDRICe).

Si en un coto el BDRAe fuera igual a su BDRIe (de normalidad o de compatibilidad), nada habría que objetar a una estrategia de caza establecida en base a las tasas locales estables actuales (TLEAe); pero es frecuente, muy frecuente, que el BDRAe sea distinto del BDRIe, en biomasa, en distribución, o en ambas cosas a la vez, y es esta convergencia una de las principales aportaciones a la sostenibilidad procedentes del establecimiento y aplicación de un buen manejo cinegético.

En todo proyecto de manejo es prioritario aspirar a conseguir primero (y mantener después) el estado poblacional ideal de cada una de las especies a manejar; a manejar mediante actuaciones antrópicas que impacten directa o indirectamente sobre ella.

Cuando desde el BDRAe queremos llegar, durante el que llamamos periodo de convergencia (PC), hasta el BDRIe pretendido, aplicaremos a la tasa local estable actual (TLEAe) una variación de ordenación (VOe) calculada conforme al método de *mínima y constante variación de ordenación* (Montoya 1997).

La VO se calcula, en principio y siendo siempre el BDRAe igual al censo referencial base periódico en la primera anualidad del próximo periodo de ordenación ($BDRPe_1$):

$$BDRIe = BDRAe \, (1 + VOe)^{PC}$$

$$VOe = (BDRIe \, / \, BDRAe)^{1/PC} - 1$$

La variación de ordenación, porque es local, no puede aplicarse (a escala local, aunque sí a escala global) a las especies biológicas migratorias propiamente dichas: a las tan camperamente llamadas "serranillas" (Montoya y Mesón 2002).

Excepto en situaciones especiales, el plazo de tiempo aconsejable para alcanzar la convergencia poblacional de una especie e no debe ser ni arbitrario ni rígido, sino el mayor de los siguientes números: la duración del periodo de ordenación, o la longevidad útil de la especie (duración máxima media de su vida útil, o límite de edad para la caza mayor). En ambos casos, excepto que la VO resulte ser mayor que un determinado X % de la TLEAe (usualmente un 15-20 %); porque una VOe tan elevada podría presentar en la práctica real problemas de viabilidad: social (aceptación), técnica (ejecución) o económica (rentabilidad y financiación). Cuando se limita la VO a un X % de la TLEA, el cálculo del plazo de convergencia es (Montoya 2013):

$$PC = (log\ BDRIe - log\ BDRAe) / log\ (1 + (X/100)\ x\ TLEAe)$$

La TLPe de cualquier especie e (o unidad elemental en su caso) será la misma durante todas las anualidades del próximo plan especial (aunque se aplicará en cada anualidad a sobre los diferentes y sucesivos BDRPa). Se calcula:

$$TLPe = TLEAe - VOe$$

El resultado de la VO puede ser positivo, negativo o nulo.

1º/*Positivo*. Cuando la VOe es positiva, deberá extraerse una tasa local periódica (TLPe) menor que la tasa local estable actual (TLEAe), generándose así un *sacrificio de ordenación* (y tal vez un lucro cesante). Se capitalizará así una parte del crecimiento utilizable para incrementar el censo, acumulándolo hacia el estado ideal deseado (BDRIe).

2º/*Negativo*. Cuando la VOe es negativa, se extraerá una TLPe mayor que la TLEAe, generándose entonces un *beneficio de ordenación* (y tal vez un beneficio extraordinario). Se extraerá así parte del excedente censal acumulado, heredado de periodos anteriores o procedente de espacios externos, para ir reduciéndolo hacia el estado ideal deseado (BDRIe).

3º/*Nulo*. El resultado solo será nulo cuando el censo actual y el ideal coincidan, aplicándose entonces directamente la TLEe.

Consideraciones finales

¿De cuántos de todos estos tipos de censos, coeficientes y tasas, se está prescindiendo en las investigaciones, enseñanzas, y prácticas técnicas y científicas de manejo cinegético más usuales en nuestros días? Diríamos que de casi todos.

Simplificar para hacer las cosas más sencillas, puede estar bien en ocasiones, incluso en muchas ocasiones; pero la realidad biológica y de compatibilidad de los cotos y sus especies, la realidad actual de la sostenibilidad cinegética y de su contribución al desarrollo sostenible, demuestran que la situación es inaceptable por insostenible, y no es España el país peor situado en este sentido. El cambio de paradigma se impone.

Simplificar adecuadamente todos estos complejos procesos, sin renunciar a sus contenidos y utilidades, es tan fácil como informatizar adecuadamente todos estos cálculos. Una cuestión algorítmica: tomar los datos precisos, efectuar los cálculos necesarios, y obtener los resultados a aplicar.

Figura 10. Ley de Eichnor esquematizada

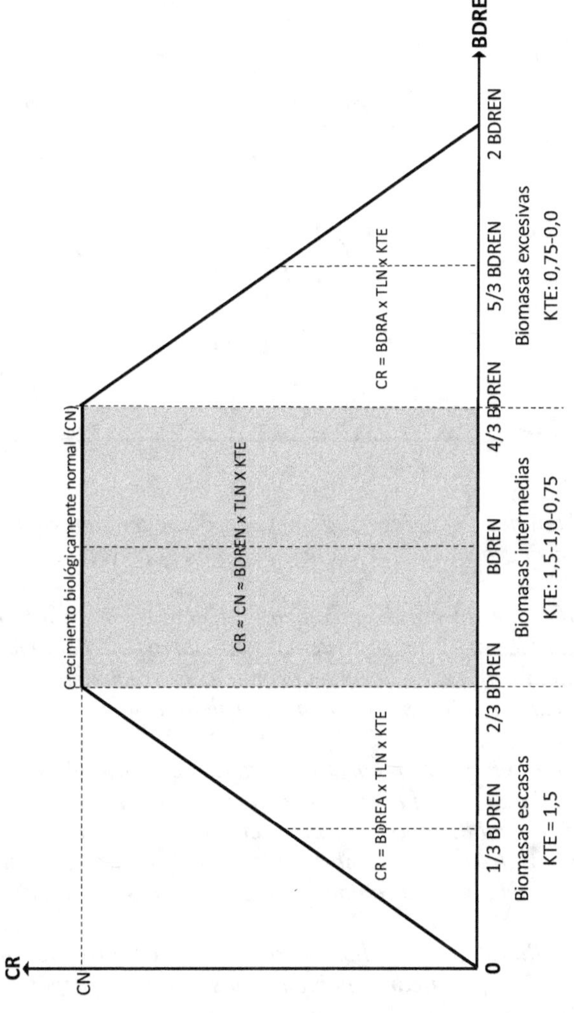

Crecimiento genérico (actual, ideal, normal o periódico) según la cuantía de la biomasa presente (BDREA), respecto a la biomasa biológicamente normal (BDREN)

Figura 11. Máxima renta biológica en número de piezas de caza

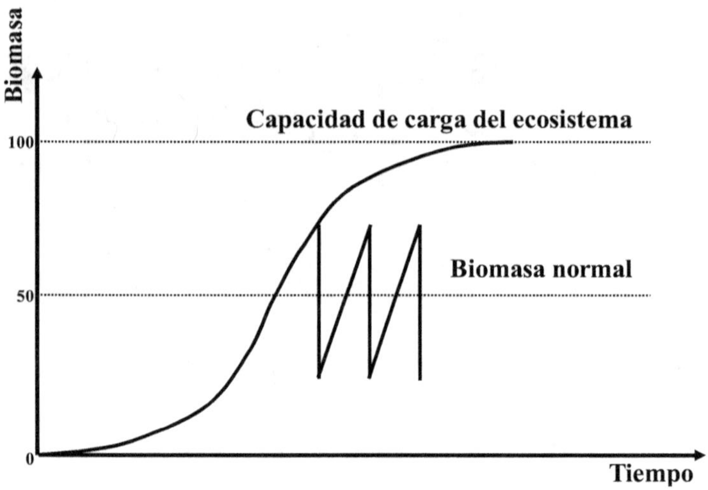

Las poblaciones silvestres, tengan el censo que tengan, siguen siempre en su crecimiento a la curva sigmoide correspondiente.

Si cuando superan significativamente la biomasa normal (50 % de la capacidad de carga del ecosistema) recortamos mediante la caza los censos (biomasa), reanudarán en principio su crecimiento poblacional, renovando sus censos de forma paralela a su curva sigmoide.

Si en cada "anualidad" recortamos debidamente las nuevas existencias acumuladas, podríamos mantener indefinidamente el máximo crecimiento poblacional y las consecuentes capturas máximas (bien para nosotros); pero también la más sana biología y el menor sufrimiento posible de los animales que las componen (bien para ellos).

Este sencillo esquema explica mejor que ningún otro el porqué de la caza y el cómo practicarla en bien de las especies cinegéticas, de los ecosistemas y agrobiosistemas, y por supuesto de los propios animales.

5. CAZABILIDADES

Cazabilidades instantáneas

Desde la parte de la perspectiva ambiental específicamente propia de la ecología cinegética aplicada al manejo de los cotos, desarrollar y conocer en profundidad el concepto de cazabilidad y el proceso para calcularla adecuadamente resulta fundamental, por sus relevantes aplicaciones dentro del itinerario algorítmico del diseño y cálculo de sostenibilidad de las estructuras ambientales cinegéticas. Por ejemplo, para poder calcular la presión cinegética ejercida sobre cada especie e (CAPÍTULO 6) y sus censos de ordenación (CAPÍTULO 7).

Tras el establecimiento del marco inicial de los porqués ecosistémicos de la caza y de la consecuente necesidad ecológica de esta (CAPÍTULO 1), así como de las diferentes tasas locales de captura a realizar (CAPÍTULO 4), el estudio y cálculo de las distintas cazabilidades resulta obligado en cada caso (coto, especie e, modalidad m, unidad de ejecución, control y valoración i, fase del algoritmo, y tipo de proyecto de manejo, ya sea de ordenación o de plan anual). Sin las distintas cazabilidades precisas no podríamos seguir adelante en lo que a la Ecología cinegética aplicada se refiere; pues, como veremos ahora, este concepto (Montoya y Mesón 2002) resulta muy útil a efectos de toda ordenación cinegética y de su gestión posterior; siendo finalmente esencial en los cálculos del algoritmo local propio del manejo de cada especie e en cada coto.

Aunque la descripción del concepto de cazabilidad sea en principio relativamente compleja, el concepto subyacente es sencillo: sobre cualquier especie cinegética e, cazando con una modalidad m, se caza más donde hay más y se caza menos donde hay menos (¿Alguien lo negaría?). También se caza más por jornada de cazador ejecutada física con unas modalidades que con otras. Por ejemplo, por cada jornada de cazador ejecutada física, se cobran

111

usualmente más conejos con hurón que al salto, más perdices en ojeo que en mano…

Para cualquier coto y fase de su algoritmo (FIGURA 2), en un "instante" genérico n (o en un corto periodo de tiempo, tal como un día o el promedio de algunos días de caza), definimos la cazabilidad instantánea de una especie cinegética e con una modalidad m, y por tanto mediante una unidad de ejecución, control y valoración i[40] (CZein), como el cociente en ese instante n entre el número de piezas físicas de e cobradas por jornada de cazador ejecutada física mediante i (RNUCCFein), y la densidad poblacional que en ese mismo instante n presenta el censo de e (Den) por cada 100 hectáreas en espacio neto cazado con i (ENCei). Genéricamente:

$$RNUCCFein = NUCCFein / NUEEFein$$

$$CZein = RNUCCFein / Den$$

Por ejemplo, supongamos que, en un coto jabalinero, se celebra una montería en la que se baten en un día 500 hectáreas de mancha, con un total de 50 puestos, y se cobran 20 jabalíes; es decir:

$$RNUCCFein = NUCCFein / NUEEFein = 20 / 50 =$$
$$0,4 \text{ (jabalíes por puesto)}$$

---

[40] *La "unidad de ejecución y control" (i) aúna la especie y la modalidad; por ejemplo: perdiz en mano es una i y perdiz en ojeo y perdiz con reclamo son otras. También pueden ser distintas las i de una m. Por ejemplo, en la caza en mano el conejo, la perdiz o la liebre, o la caza en montería del jabalí, el venado o el gamo. Las i leen pues, en principio, la forma de cazar una especie e con una modalidad m, pero también sirven (y esto es esencial) para controlar después las capturas físicas efectivamente logradas y para valorarlas económicamente; por eso decimos que las i son unidades de ejecución (e + i), control (físicas) y valoración (económica).*

Si la densidad de jabalíes en la mancha fuera de 10 jabalíes por cada 100 hectáreas de mancha batida (por tanto habría un total de 50 jabalíes totales en la mancha), por definición, la cazabilidad del jabalí en montería en ese coto sería en ese día n:

$$CZein = RNUCCFein / Den$$
$$= 0,4 / 10 = 0,04$$

Repasemos los datos. En promedio, un cazador con otro, cada uno de ellos habrá cobrado: RNUCCFein = Den x CZein = 10 x 0,04 = 0,4 (jabalíes por puesto). Entre todos los 50 cazadores habrán cobrado un total de 50 x 0,4 = 20 ejemplares. Se habrán cobrado por tanto un total 20 ejemplares de los 50 presentes en las 500 hectáreas totales de mancha batida (Den x 500 /100 = 10 x 500/100 = 50). Se habrá cobrado en total el 40 % del censo de jabalíes presente en ese día n.

Las preguntas pendientes de resolver serían básicamente dos: ¿El 40 % son muchas o pocas capturas respecto al censo? (CAPÍTULO 8) ¿Cómo hemos establecido que el censo de jabalíes era de 10 ejemplares por cada 100 hectáreas o, lo que es lo mismo, de 50 ejemplares en las 500 hectáreas totales de la mancha? (CAPÍTULO 7). Después de todo, y como todos sus cazadores saben, el jabalí es una más de las especies cinegéticas más "imposibles" de censar[41]. A la hora de las migas… ¿Quién sabe cuántos habrá?

---

[41] *Casi todas las especies cinegéticas lo son. Como conocen prácticamente todos los cazadores, con independencia de la especie cinegética de la que se trate, mediante las metodologías tradicionales es prácticamente imposible censar con eficacia y seguridad el número de ejemplares que hay en un determinado momento en un coto. Volveremos más adelante con estas capitales cuestiones censales (CAPÍTULO 7 y CAPITULO 9).*

La cazabilidad es un concepto tanto más relevante, cuanto más aleatoria sea la caza de una especie con una modalidad. Felizmente la aleatoriedad, el azar, forma parte de la esencia más genuina de la caza actual. También es más importante en el manejo de las especies animales con cierta capacidad de defensa, de difidencia e incluso de reactividad frente a las modalidades que se les aplican; como afortunadamente es de nuevo el caso de las especies cinegéticas.

La cazabilidad aumenta y resulta por tanto menos relevante cuando se practican modalidades de captura masivas (prohibidas en principio por la Ley) y cuando las modalidades aleatorias se aplican en los llamados por la normativa "días de fortuna": concentraciones y pasos atípicos, o pérdida circunstancial de la capacidad de autodefensa de los animales por causas meteorológicas, sanitarias, u otras que puedan elevar atípicamente su cazabilidad en un determinado instante.

Cazabilidad inicial

La cazabilidad inicial de una especie cinegética cualquiera e con una modalidad m (y por tanto con una i) es su cazabilidad instantánea al inicio de la temporada de caza de e con m. Por ejemplo: cazabilidad de la perdiz en mano al inicio de su temporada general de caza.

En todos los casos (cotos, fases, especies y modalidades) la cazabilidad inicial es el producto de varios coeficientes[42], de ellos algunos son generales o globales (válidos para todos los cotos) y

---

[42] *En la buena parte de los casos son simples factores; pues como tales se usan finalmente, pero porque a veces son de evaluación individual compleja, usamos libremente el término "coeficiente".*

los demás son propios o locales (válidos solo para el coto del que se trate).

Coeficientes generales o globales

Aplicables a todo coto y fase del algoritmo. En principio deberían proceder de la investigación científica general aplicada. En su muy frecuente ausencia[43], deben proponerse mediante las mejores aproximaciones técnicas racionales que sea posible establecer en cada momento y coto[44]. Estos coeficientes generales o globales son dos:

1º/*Cazabilidad referencial de la especie*. En ausencia de datos científicos generales fiables y a la espera de los oportunos resultados de las correspondientes investigaciones heurísticas, a efectuar en los oportunos "cotos modelo", hay que atribuir cada especie a una clase de cazabilidad dentro del rango de cazabilidad de las especies cinegéticas. Una vez más, cinco clases, una vez eliminadas las dos situaciones de cazabilidad más extremas (las demasiado fáciles y las demasiado difíciles), creemos que pueden ser una aproximación inicial bastante para los objetivos pretendidos. Pongamos cifras discrecionales a algunos ejemplos típicos de la cinegética española:

---

[43] *Debemos recordar que el desarrollo de este concepto de captabilidad es relativamente reciente (Montoya y Mesón 2002), y que todavía no se ha difundido eficazmente a efectos de manejo; pues la resistencia acomodaticia (inercia) respecto al progreso del paradigma cinegético actual, para definir problemas y buscar soluciones" (González 2005) es enorme.*

[44] *Recordemos que su establecimiento puede hacerse, según el avance y estado de los conocimientos, por vía: discrecional (a juicio del técnico autor), consensuada (en mesa de expertos cinegéticos), asimilada (desde cotos parecidos), heurística (ensayos previos en el mismo coto), o bien elaborada a partir de una combinación de los datos anteriores.*

1º/*Caza menor*. Conejo 0,035. Liebre 0,046. Perdiz 0,046. Codorniz 0,6. Tórtola 0,035. Palomas 0,026. Zorzales 0,026. Acuáticas grandes 0,035. Acuáticas medianas 0,046. Acuáticas pequeñas 0,046. Becada 0,026. Córvidos y gaviotas 0,02. Zorro 0,02.

2º/*Caza mayor*. Corzo 0,050. Ciervo 0,050. Gamo 0,041. Jabalí 0,027. Montés 0,041. Muflón 0,041. Arruí 0,041. Rebeco 0,041.

2º/*Cazabilidad genérica de la modalidad*. Las distintas modalidades aplicadas a una misma especie suelen tener cazabilidades diferentes; aunque a reserva siempre de los coeficientes propios o locales a aplicar en cada caso: adecuación de la modalidad a cada coto.

Coeficientes propios o locales

Son coeficientes propios de cada coto y por tanto locales. Inicialmente, sus magnitudes deben establecerse mediante aproximaciones técnicas racionales, que posteriormente se irán mejorando tras cada revisión de ordenación del coto, de forma heurística, continua y progresiva (FIGURA 1). Los coeficientes propios o locales son básicamente siete:

1º/*Cazabilidad del coto*. Como muy bien conocen los cazadores, en cada coto, las especies cinegéticas presentan distintas cazabilidades iniciales propias, según sus posibilidades de defensa en él; por huida de los animales hacia otros cotos o por otras oportunidades del campo, el terreno o el monte y, por supuesto, según la adecuación de las modalidades aplicadas al coto del que se trate. En otras palabras: según cotos, una misma especie se caza con mayor o menor facilidad, y esto, aunque de difícil evaluación, es innegable.

Por ejemplo, en la caza de la perdiz roja parecen aprenderse estas las lindes de los cotos colindantes para huir hacia ellos; como usan también en propio beneficio las autopistas, líneas férreas, cercados, emparrados y ríos. También es sabido que no se cazan igual en montaña que en terrenos ondulados o en los llanos, en zonas agrícolas con cultivos pendientes de cosecha que entre barbechos, ricios, pastizales, olivares, viñas o montes.

Cada modalidad (y sus variantes de ejecución) se adapta más que otras a los diferentes tipos de circunstancias, relieves, terrenos, usos agrarios del suelo, etc. Magníficos cazadores de un coto pueden fracasar en otro coto distinto. De hecho es típico que los cazadores locales abatan más piezas en su coto que los foráneos, quienes muchas veces pueden ser excelentes cazadores en otro coto. Cada cazador sabe cazar sobre todo en "su" coto; porque existe una adaptación continua de cada cazador a "su coto".

2º/*Cazabilidad por condiciones técnicas*. La cazabilidad inicial de una especie con una modalidad *m* varía, lógicamente, según los pliegos de condiciones técnicas particulares que se apliquen a *m*: cupos, horarios, etc.

Manejar adecuadamente para cada *m* sus condiciones técnicas particulares en cada coto es fundamental. Algunas de estas son fáciles de controlar, por ejemplo, los horarios; pero otras, como los cupos, son mucho menos controlables. Los archimitificados "cupos" (a veces mera "tinta del calamar") suelen ser muy poco o nada operativos en las realidades prácticas de campo y suelen resultar hasta desaconsejables en muchas ocasiones.

3º/*Cazabilidad por concentración espacio-tiempo*. Las especies que forman agregaciones espaciales o temporales por alguna razón (su propia naturaleza, heterogeneidad del medio, acción del hombre, etc.) presentan, allí y entonces, densidades puntuales superiores a la media en el espacio cazado lo que, lógicamente, incrementa los resultados de captura.

Estas concentraciones espacio-tiempo suelen ser típicas y naturales en muchas migratorias en paso; por ejemplo, las aves acuáticas, o las becadas tras las grandes nevadas que les hacen descender en masa desde las montañas a los bordes de lo no nevado.

También algunas especies sedentarias suelen concentrarse en determinados lugares y momentos en densidades superiores a las medias del coto y, por supuesto, todas ellas (migratorias y sedentarias) cuando a la fauna silvestre se le aplican técnicas de concentración poblacional (siembras de atracción, comederos, cebaderos, saladeros, aguaderos, reclamos…). Los cazadores, por su propio interés, tienden a concentrar su actuación sobre esos lugares y momentos de mayor concentración, natural o inducida.

A veces se realizan acciones no de concentración sino de vaciado, por ejemplo, en el "chanteo" furtivo de las manchas de caza mayor o de los linderos de los cotos de menor, efectuadas para beneficiarse de ellas o bien para perjudicar los resultados de las cacerías de otros.

4º/*Cazabilidad por tipo de cazadores*. Los cazadores que en un coto cazan una especie *e* con una modalidad *m*, pueden ser más o menos competentes cazando o tirando, lo que, en cada caso, afecta a la cazabilidad inicial de la especie *e* con esa modalidad *m*.

Por ejemplo, algunos cotos perdiceros priorizan la entrada en ellos de los cazadores con mucha edad, pues consideran que abatirán menos perdices que los más jóvenes, lo que les permitirá vender más acciones en el mismo coto; aunque algunos "viejales" les pueden llegar a dar un susto. Por cierto que cazar y tirar no es lo mismo, pues excelentes cazadores pueden ser malos tiradores y al revés; siendo más bien escasos los cazadores verdaderamente "completos": los que saben cazar y tirar.

5º/*Cazabilidad por densidad de cazadores.* En algunas especies y con algunas modalidades, una densidad de cazadores atípica por reducida o por elevada, suele conducir a una cazabilidad distinta que, según casos, será mayor o menor que la típica. Administrar bien todas estas cuestiones es clave en el manejo de casi todas las especies.

Por ejemplo, muchos cazadores cazando a la vez agotarán rápidamente a las perdices que a última hora acabarán cayendo muy fácilmente, casi a "parada de perro" (cazabilidad mayor); por el contrario, muchos cazadores cazando al salto a la vez "embocarán" rápidamente a los conejos y el rendimiento cinegético caerá muy significativamente. Lo mismo sucederá ante la concentración excesiva con la mayor parte de las migratorias (cazabilidad menor). Suele observarse, por ejemplo con la torcaz, que los reducidos piquetes familiares iniciales de la "media veda", una vez tiroteados tienden a embandarse en grupos mayores, que suelen llegar a hacerse enormes en la temporada de caza "general", con los fríos y durante los grandes viajes migratorios; reduciéndose así los posibles resultados de captura, además de que los bandos más grandes suelen volar guiados por las torcaces más fuertes y veteranas.

6º/*Cazabilidad por densidad poblacional.* La presencia inicial de una densidad censal elevada suele reducir la cazabilidad de sus individuos, ya sea por efecto directo de la protección de su propio grupo (familias, piquetes, bandos...) o de otras agrupaciones distintas, de su misma población o incluso con otras especies.

Por ejemplo, las perdices macho suelen ser expertas en eludir a los cazadores, al tiempo que tratan de atraer sobre ellas su atención y los tiros; de esta manera las perdices nuevas de los bandos más o menos "enteros", guiadas por su madre, consiguen sobrevivir mejor que las que hayan perdido a sus padres.

Lo contrario sucede con los censos demasiado reducidos que suelen ser presas fáciles de sus enemigos. Esta es una de las razones por las que los cotos esquilmados de perdices casi nunca consiguen recuperarse, porque todos (cazadores y depredadores) irán a buscarlas a aquella ladera en la que se sabe que se ha criado un bando de ellas (tal vez el último del coto). Las posibilidades de sorprender a un bando aumentan, además, por la falta de avisos de alerta de los bandos colindantes. En una densidad poblacional normal las señales de alerta de cualquier grupo familiar avisan a las demás familias del entorno, con claro beneficio para el conjunto de todas ellas en su defensa ante los depredadores y frente a los cazadores.

Algunas especies, por ejemplo, la urraca y otros córvidos, así como las gaviotas, avisan del riesgo a sus propios compañeros y a otros grupos afines[45], e indirectamente a otras especies de su biocenosis. Prácticamente, en casi en todos los ecosistemas y cotos existen alguna o algunas de estas especies "avisadoras" que no necesariamente son aves; por ejemplo, los "ladridos" de las hembras de los cérvidos (ciervas y corzas en especial) al avisar a su grupo familiar, también avisan a las demás especies de su zona: cazador a rececho, cazador al aguardo, grupo de cazadores, perros, lobos… La perdiz llega al refinamiento de

---

⁴⁵ *Muchas veces se agrupan para atacar en bandos mayores a las rapaces diurnas. No digamos ya a las nocturnas como el búho, lo que ha dado lugar a la caza de córvidos usando a un búho como cimbel (los reclamos atraen con la voz, los cimbeles con la vista).*

usar distinto canto si el peligro está arriba (usualmente volando o simplemente en lo alto) o abajo (usualmente sobre el suelo, andando o no). A veces el aviso es simplemente el silencio repentino del campo.

7º/*Cazabilidad por temporadas previas*. En especies de naturaleza reactiva, como sin duda lo son todas las cinegéticas, su cazabilidad inicial con una modalidad m puede verse afectada por el efecto de otras cacerías, ejecutadas en temporadas previas a la de m, con la misma e incluso con otras modalidades distintas. Esto a veces se usa en beneficio del manejo de la caza; por ejemplo, en Canarias[46] suele practicarse primero una caza a diente con podenco para seleccionar y sobre todo "espabilar" a los conejillos jóvenes y para que estos aprendan así a defenderse después mejor del Hombre, sus perros y escopetas, e incluso hurones: hombre, podenco canario y hurón, un curioso "triunvirato".

Causas de variación

La cazabilidad no es una constante. Con el paso del tiempo, la cazabilidad instantánea inicial de una especie de caza e con una modalidad cinegética m, y por tanto con una unidad de ejecución, control y valoración i, puede variar y varía por diferentes causas o razones que básicamente son tres:

____

[46] *Los peninsulares, los populares "godos", solemos ignorar las culturas cinegéticas isleñas en el caso de las Canarias y también en el caso de las Baleares. Sin embargo, cada comunidad española (peninsular o insular) aporta diversidad, perspectiva y conocimientos prácticos a este todo holístico que es la cultura cinegética española: mucho que aprender de cada comunidad, y más aún del conjunto de todas ellas; porque el todo, una vez más, es siempre mucho más que sus partes (holismo).*

1ª/*Reactividad*. Conforme aumenta la densidad del número de jornadas de cazador ejecutadas físicas (NUEEFei), sobre una especie *e* con una modalidad *m*, y por tanto con una *i* (DNUEEFei), siempre por cada100 hectáreas de coto (ENCei / 100), todas las especies cinegéticas *e* presentan capacidades reactivas frente a la modalidad *m* que les permiten reducir progresivamente su cazabilidad inicial.

Todos los cazadores expertos conocen bien que siempre es más fácil abatir cualquier especie al principio que al final de su periodo de caza; como también saben muy bien que hay especies más reactivas que otras, diríamos más inteligentes o eficaces en la mejora de su defensa que otras. "Listos como conejos".

$$DNUEEFei = NUEEFei / (ENCei / 100)$$

La cazabilidad inicial, por el efecto reactivo de la acumulación de jornadas de cazador (incremento de la DNUEEFei), parece reducirse siguiendo una progresión geométrica, cuya razón (por supuesto siempre menor que uno) depende de cada especie; porque unas son más reactivas que otras (se "espabilan" antes). No obstante, esta reducción no es ilimitada y parece tender a un límite mínimo.

Es frecuente que la reacción de los individuos de una especie se produzca ante algunas modalidades y no frente a otras; por ejemplo, ante las inhabituales para ellos o frente a las *masivas*, llamadas así precisamente por reducir e incluso anular sus posibilidades de defensa espacial, dificencia específica y reactividad individual.

2ª/*Meteorológicas*. Durante temporadas de caza prolongadas, suele variar la cazabilidad con la variación misma de las condiciones meteorológicas, lo que suele afectar a la cazabilidad instantánea: lluvia, frío, calor, viento, nieves…. Es fácil comprender que no se caza igual en verano que en otoño o en invierno. No se derriba fácilmente una codorniz "haciendo la vela" o una perdiz en un día nublado y ventoso.

3ª/*Edad, etológicas y fenológicas*. En la variación de la cazabilidad de una especie *e*, con una modalidad *m* durante la temporada hábil de caza *t* propia de esa *m*, el mero paso del tiempo (mayor edad de los individuos cazables), las variaciones fenológicas y etológicas naturales (celo, reproducción y crianza de los animales) y las circunstancias fenológicas acompañantes, tales como los cambios estacionales de su hábitat natural y de los cultivos de su entorno (brotes, floraciones, fructificaciones, agostamientos, defoliaciones, cosechas, derrota de mieses, alzado de cultivos…), también pueden y suelen incrementar o reducir su cazabilidad instantánea.

Cazabilidad final y cazabilidad residual

La cazabilidad instantánea al final *f* de cualquier temporada de caza *t* de una especie *e*, con una modalidad *m*, varía por alguna o algunas de las anteriores causas de variación de la cazabilidad: reactividad, meteorológicas, y edad, etológicas y fenológicas.

De todas las sucesivas cazabilidades finales *f* (temporada tras temporada de caza *t* de una misma especie), la residual *r* es "en principio" la cazabilidad final de la última temporada de caza de *e* en su periodo hábil total. La relevancia de la cazabilidad residual es máxima a efectos de manejo, porque es la que usaremos más adelante para seguir y evaluar los censos residuales de cada especie. El censo residual que quedará tras todas las capturas efectuadas durante todo el periodo hábil de cualquier la anualidad: el censo que será la base o "madre" para el crecimiento poblacional posterior de la especie *e* de la que se trate. El problema de fondo del manejo es siempre el dejar la población residual debida, y no tanto el realizar un determinado número de capturas: las madres antes que las crías.

Cuando en una temporada *t*, se apliquen diferentes modalidades *m* a una especie *e*, es conveniente elegir, como referencia para establecer la cazabilidad final *f* de *t*, a aquella modalidad que se considere más frecuentemente aplicada en la práctica y más fácilmente controlable.

A veces, cuando en la última temporada se aplican escasas jornadas de cazador, para reducir errores estadísticos suele usarse como residual alguna temporada algo anterior a ella; por eso hemos dicho antes "en principio".

Por ejemplo, en algunos cotos perdiceros, tras la temporada general de caza se caza la perdiz con reclamo macho; pero, porque usualmente se hacen muchas más jornadas (y tal vez más aleatorias) en la primera que en la segunda, es aconsejable recurrir a los datos resultantes de la primera y no tanto a los del reclamo.

Cazabilidad media

Durante una temporada completa de caza *t*, sobre una especie *e* con una modalidad *m* y por tanto con una *i*, entre su cazabilidad inicial y la final existe, lógicamente, una cazabilidad media: un dato a calcular siempre, propio de cada coto y fase, y que como ya hemos avanzado puede variar, dependiendo sobre todo de la duración de dicha temporada y de las causas de variación antes mencionadas (reactividad, meteorológicas, edad, etología y fenología).

El cálculo de la cazabilidad media parece que podría ajustarse bastante bien mediante una curva potencial; aunque la media aritmética entre la inicial y la final suele ser una aproximación técnica racional, sencilla, y que nos parece suficiente, por lo menos en principio.

Debe tenerse presente siempre que en esta compleja materia se está lejos de alcanzar una precisión y exactitud elevadas; tanto en los cálculos como en la toma de datos y en aplicación de sus resultados, y que tal vez no sea preciso ir mucho más allá de fundamentar unas primeras aproximaciones, a ajustar heurísticamente en cada coto en el futuro. Mientras tanto, un aparato matemático abusivo podría poner en riesgo la comprensión inicial y la posterior aplicación real del algoritmo local. Una vez más *lo mejor es enemigo de lo bueno* (Walton 2003).

Al menos a estos efectos, lo urgente y "lo bueno" es comenzar sencillamente racionalizando sensatamente el manejo. La "ciencia cazadora", considerada lega por muchos, creemos que es la mejor base científica desde la que arrancar; como creemos que, muchas veces, el exceso de números puede ser usado por algunos como "cortina de humo" o "tinta del calamar" tras la que ocultar la ausencia de los verdaderos conceptos de fondo. Escuchemos a los veteranos, por legos que nos parezcan (en el campo español, el hacerse el tonto está considerado como todo un arte que se usa sobre todo para reírse de los "enteraos": *legos versus sabios*).

Determinación de la cazabilidad referencial

En contraste con las múltiples y variables cazabilidades instantáneas propias en cada coto y fase de cada especie e con cada modalidad m, la que denominamos cazabilidad referencial de una especie e es un dato propio de e, de carácter general o global[47], único, fijo, y válido para todas las fases, todos los cotos (espacios), y todos los instantes (tiempos).

La definimos como la cazabilidad media propia de cada especie, establecida y cuantificada bajo las siguientes seis condiciones experimentales:

---

[47] *Es el primer coeficiente al que nos hemos referido al abordar la cazabilidad inicial de cada especie.*

1ª/*Modalidad referencial.* Aplicando la modalidad *m* más típicamente usada con *e*.

2ª/*Calidad típica.* Aplicada en las condiciones de calidad estacional más típicas y frecuentes, es decir, en la transición entre las clases de calidad III y IV de *e* (CAPÍTULO 3)

3ª/*Densidad ideal.* En sus condiciones ideales de densidad poblacional más predominantes en la práctica, ya sean estas de normalidad biológica o de compatibilidad ambiental.

4ª/*Pliegos usuales.* Aplicando los pliegos de condiciones técnicas particulares (el cómo se caza) más usuales para la modalidad referencial acordada.

5ª/*Condiciones espaciales típicas.* En espacios de cazabilidad típica o media para la modalidad referencial.

6ª/*Presión de caza.* Bajo una presión de caza igual a uno, lo que obviamente obliga a calcularla (CAPÍTULO 6).

Se diría que son muchas condiciones, casi diríamos que demasiadas, pero todas ellas son muy frecuentes en la práctica de campo; porque, si se observan con atención, precisamente con ese criterio han sido elegidas: porque pueden encontrarse más o menos fácilmente en el campo, simplemente porque ya están "por ahí"; o al menos son más fáciles de encontrar que cualesquiera otras.

La cazabilidad referencial de una especie *e* es la propia de su jornada de caza ejecutada referencial (UEERei), que es a la que habrá que convertir todas las diferentes jornadas de cazador ejecutadas físicas (UEEFei) aplicadas a *e,* como mejor solución ante la frecuente heterogeneidad en cazabilidad de sus distintas UEEFei (Montoya 2020a).

La determinación de la cazabilidad referencial de cada especie cinegética, constituye una cuestión científica de carácter general o global que debería abordarse en "cotos modelo" que cumplan adecuadamente con las condiciones especificadas, y siempre bajo rigurosos y prolongados protocolos heurísticos (FIGURA 1); pero que, de momento, suele tener que conformarse con ser un dato establecido mediante alguna aproximación técnica racional. Hacerlo así siempre será mejor que ignorar esta realidad práctica tan imprescindible: la imperiosa necesidad de convertir a las unidades referenciales de e las unidades físicas i ($e + m$): las distintas unidades de ejecución, control y valoración aplicadas a e.

Pocos datos científicos son más necesarios que la cazabilidad referencial a efectos de manejo cinegético; aunque muy pocos suelen estar tan ausentes[48]. Mientras tanto, y como mejor propuesta científica y técnica, para cada especie suele ser posible encontrar cotos sometidos a modelos de caza racionales, aplicados en condiciones de manejo similares a las indicadas; precisamente porque se ha definido la cazabilidad referencial, e implícitamente la correspondiente jornada de cazador ejecutada referencial, conforme a las condiciones de vida y de caza más comunes para cada especie cinegética e.

Si en esas condiciones una especie e está en su estado poblacional ideal (genéricamente BDRIe) y si las jornadas de cazador ejecutadas físicas sobre ella son iguales a la referencial (UEEFei = UEERei), el número de las aplicadas nos permitirá determinar la cazabilidad media de la jornada de caza ejecutada referencial: el dato buscado.

---

[48] *No conocemos ni estudios ni trabajos en torno a ella o que en una u otra forma cuantifiquen y utilicen este concepto cinegético, cuya trascendencia algorítmica es indudable.*

El cálculo es tan simple como despejar la cazabilidad referencial de la fórmula de cálculo de la presión de caza; porque la presión, como veremos a continuación (CAPÍTULO 6), es igual a uno en esas condiciones de conservación estable del estado ideal.

A efectos de la metodología científica a seguir, y porque a efectos de sostenibilidad urge fundamentar debidamente los datos generales precisos para el manejo; en vez de establecer unos posibles proyectos piloto[49] y comenzar a investigar concienzuda, lenta, progresivamente y con el debido rigor en ellos (rigor que inevitablemente procedería del modelo general, y del protocolo global y el algoritmo local implícitos correspondientes, si existieran para ellos), por razones de eficiencia científica[50] deberíamos comenzar, justo "al revés", buscando algunos "cotos-piloto" que ya vengan funcionando de esa manera más o menos equivalente; es decir, como cotos modelo.

Después de todo, la cazabilidad referencial de una especie *e* es por definición la misma para todos los cotos en los que se capture *e* en las condiciones experimentales que hemos especificado anteriormente.

A efectos pues de metodología científica, y porque en los trabajos de campo los espacios repiten los tiempos, los experimentos heurísticos suelen estar de hecho preinstalados, e incluso pueden ser ya muy antiguos; aunque tal vez estén insuficientemente controlados y seguidos. Muchas veces bastará con buscarlos en el campo, observarlos atentamente, y comenzar a controlarlos y seguirlos conforme al modelo general (protocolo y algoritmo), para lograr dar rápidamente esos pasos de gigante que nos urgen.

---

[49] *Como se ha propuesto en tantas ocasiones.*
[50] *Algo que no siempre coincide con el rigor formal y, por supuesto, nunca con el artificioso rigorismo.*

En un mismo instante podemos encontrar cotos distintos sometidos a un mismo modelo de manejo racional: repeticiones experimentales. Si el modelo aplicado en ellos es próximo al referencial (y lo será frecuentemente) el experimento estará preinstalado; el problema será localizar y seleccionar esas "parcelas" o repeticiones experimentales (esos cotos), identificar sus tiempos, y comenzar a controlarlas y seguirlas mediante el modelo general preciso (protocolo y algoritmo).

La cazabilidad referencial acabará así por ser rápida y suficientemente cuantificada y ajustada: la cazabilidad acabará siendo "cazada". ¿Podrá mejorarse y perfilarse mejor en el futuro? ¡Pues claro!

Consideraciones finales

Para el manejo cinegético de un coto, y en especial a efectos de diseño y cálculo de sostenibilidad de sus estructuras ambientales cinegéticas, nos faltaba establecer, técnica y científicamente, y desarrollar y aportar, tres grandes cuestiones que hemos expuesto en los capítulos referentes a:

1ª/*Ecosistémica*. El marco ecosistémico previo de la caza (CAPÍTULO 2).

2ª/*Tasas*. Las tasas a aplicar a los diferentes censos (CAPÍTULO 4).

3ª/*Cazabilidades*. Las distintas cazabilidades de cada especie cinegética *e* en cada coto y fase del algoritmo (CAPITULO 5).

Sin el desarrollo de estos capítulos, no podríamos establecer los métodos adecuados para la cuantificación de la presión cinegética aplicada o a aplicar (según fases): la que tal vez sea la cuestión principal del manejo cinegético (CAPÍTULO 6).

¿Y por qué precisamente este orden? Porque el algoritmo sigue en sus cálculos, inevitablemente, estos mismos pasos. En otras palabras: por puro sentido común.

<h1 style="text-align:center"><u>6. PRESIÓN CINEGÉTICA</u></h1>

Aspectos previos

La presión cinegética es un concepto complejo, usado en muchas ocasiones con excesiva ambigüedad y con evidente falta del mínimo rigor ¿De qué estamos hablando cuando de presión cinegética se trata? Todo parece indicar que cada uno entendemos, o queremos entender, cosas bien distintas que otros. Para poder llegar a establecer, comprender y cuantificar, debidamente, la presión cinegética ejercida en cada caso (coto, fase y especie), es preciso desarrollar algunos aspectos previos:

1º/*Justificación*. A efectos del aseguramiento de la sostenibilidad local del manejo de un coto, la presión cinegética ejercida en él y en cada fase, sobre cada especie cinegética *e* es, tal vez, el resultado de cálculo más relevante de todo el análisis ecológico; aunque, sorprendentemente, todavía no se le identifica y calcula debidamente en nuestros días. Cabe afirmar que siempre que en cualquier proyecto de manejo esté ausente el cálculo de la presión cinegética, podrá cuestionarse el cumplimiento real del *Principio de precaución* (Consejo de las Comunidades Europeas 1992) y por tanto cabrá negar toda referencia a la "presunta" sostenibilidad de la caza.

Sin calcular la presión cinegética, normalizadamente y con el debido rigor algorítmico, ni existe ni puede llegar a existir ningún tipo de caza sostenible. De aquí la insostenible y hasta cruel realidad cinegética que cualquiera, cazador o no, puede constatar fácilmente en el campo. El cálculo de la presión cinegética debe realizarse dentro del itinerario de cálculo del algoritmo local propio de cada coto (FIGURA 2); tanto el proyecto de ordenación (proyecto de programación), como en los posteriores proyectos de plan anual que lo desarrollen (proyectos de obra).

Diríamos que igual que se calcula la resistencia de los pilares y las vigas de un edificio, podría no calcularse; pero probablemente el edificio se caería. Es exactamente lo que está pasando con las estructuras ambientales en general y con las cinegéticas en particular. No se calcula aún adecuada y normalizadamente su resistencia y, consecuentemente, de hecho se derrumban: véase el campo.

2º/*Concepto*. En cada coto, y en cada fase de su algoritmo local, la presión cinegética (PR) ejercida sobre una especie cualquiera *e* (PRe) es el cociente entre lo cazado sobre ella y lo que, conforme al *Principio de obligación*, debería de haberse cazado (Montoya 2020b).

3º/*Cuantía*. Una vez cuantificada la presión actual ejercida (en la fase de levantamiento del acta de estado) sobre una especie *e* (PRAe); las presiones previstas "a futuro" para ella (en el diseño del coto modelo ideal, ya sea de normalidad o PRINe o, en su caso, de compatibilidad o PRICe), así como la presión programada en principio para el próximo plan especial (PRPe), estas podrán resultar ser excesivas, adecuadas o escasas; es decir: *mayores, iguales o menores que uno.*

Una presión inadecuada, ya sea por exceso o por defecto, es causa más que probable de insostenibilidad y de riesgos e impactos ambientales negativos sobre el medio ambiente global (social, ecológico y económico) y, por supuesto, sobre sus poblaciones cinegéticas: las poblaciones de cada *e*.

4º/*Ajustes*. En la fase de levantamiento del acta de estado, la presión cinegética ejercida hasta hoy sobre cada *e* es la que viene siendo[51]; pero en el diseño del coto modelo ideal

---

[51] *Y no necesariamente la que debería de haber sido.*

pretendido y en la programación de los planes especiales a aplicar para lograrlo, deberán efectuarse los ajustes precisos, para que la presión cinegética futura (la presión proyectada) resulte lo más próxima a uno que sea posible. Estos ajustes pueden hacerse, según casos y unidades de cosa cierta utilizadas, en términos de:

1º/*Total admisible de capturas referenciales*. En las más bien escasas ocasiones en las que el número de piezas cobradas se pueda usar como como unidad fiable de cosa cierta; actuando sobre el número de capturas referenciales[52] efectuadas sobre cada *e* (NUCCRe) mediante todas las modalidades *m* que se le apliquen (todas sus unidades de ejecución, control y valoración *i* incluidas). (Montoya 2022a).

2º/*Jornadas de cazador ejecutadas referenciales*. Cuando la cosa cierta deba ser el número total de jornadas de cazador ejecutadas referenciales sobre cada especie *e* (NUEERe), actuando sobre la aplicación de sus modalidades *m* (NUEERei); ya sea modificando el número de cazadores equivalentes autorizados (NAQm), el número de unidades temporales hábiles para hacerlo (NUTHm), o bien los pliegos de condiciones técnicas particulares propios de cada *m* (otras especies y modalidades simultáneas, cuotas, cupos…). (Montoya 2022a).

Estos ajustes pueden resultar complejos y difíciles de lograr, cuando una misma modalidad *m* afecte a más de una especie *e*, o cuando a una misma *e* le afecten más de una modalidad *m*; porque puede darse el caso de que un número de unidades

---

[52] *En todos los casos las capturas referenciales son las físicas partidas por el factor censal de la temporada en la que se capturan (CAPÍTULO 8).*

de cosa cierta aplicadas a cada *e* con esa y otras *m*, acabe significando una presión correcta para alguna *e* y excesiva o escasa para otras.

Por otra parte, los posibles procesos socioeconómicos de supramarginalización pueden y suelen impedir el alcanzar la presión ideal pretendida (Montoya 2020a, Montoya 2022a). El universo sociocultural de la caza es clave en el desarrollo algorítmico, y sus cálculos deben preceder siempre a los cálculos ecológicos y a los económicos. Desdichadamente es un universo cuyo estudio está muy abandonado en nuestros días.

Total Admisible de Capturas (TAC)

En las más bien escasas ocasiones en las que el llamado *Total Admisible de Capturas (TAC)* pueda usarse como unidad cinegética segura de cosa cierta, en cada coto y en cada fase de su algoritmo local propio, la presión cinegética (PR) ejercida sobre una especie cualquiera *e* (PRe) es el cociente entre su número de unidades cobradas referenciales (lo cobrado) y el número de unidades cobrables referenciales (lo que debería haberse cobrado). Lógicamente, la presión resultante según casos puede ser mayor, menor o igual a uno; siendo uno el resultado ideal.

Es muy relevante, a efectos de aplicación, control y valoración, el diferenciar entre el número de unidades cazadas (o cazables) *físicas* (tangibles) y el número de unidades cazadas (o cazables) *referenciales* (intangibles) que son las que evalúan el verdadero impacto de la caza sobre el censo referencial de cada *e* (CAPÍTULO 7).

El TAC, debe (debería) establecerse, aplicarse y controlarse siempre, en términos de capturas referenciales; aunque (por rutina acomodaticia) demasiadas veces se haga en términos de capturas físicas. Este error es cuantitativamente más importante en el caso de la caza menor que en el de la caza mayor; pues los factores censales suelen ser significativamente mayores en el caso de la caza menor que en el de la mayor, al ser las poblaciones de esta última más estables, por su mayor tendencia a la estrategia biológica K.

Jornadas de cazador ejecutadas referenciales

En materia de manejo cinegético, es lo más frecuente que las unidades de cosa cierta a utilizar sean las jornadas de cazador ejecutadas referenciales (Montoya 2022a); distinguiendo entre las soportadas y las soportables.

Soportadas

En cada coto y fase, las diferentes modalidades m aplicadas a una especie cinegética e, suelen tener diferentes impactos referenciales, tanto ambientales (de su ejecución sobre su medioambiente global) como poblacionales (de su ejecución sobre su censo referencial); por lo que deben convertirse todas las distintas jornadas de cazador ejecutadas físicas sobre e (NUEEFei) a la unidad de ejecución referencial propia de e (NUEERe). Esta conversión se realiza en tres pasos:

1º/*Cálculo del coeficiente de equivalencia*. Determinación del coeficiente de equivalencia (Ki) propio de cada unidad de ejecución ejecutada física i[53] (UEEFi); un coeficiente mayor, menor, o igual a uno, y ue según casos puede referirse a:

1º/*Impacto sobre su medio ambiente global*. Cuando la ejecución de la caza misma pueda llegar a impactar sobre el medio ambiente, su Ki es el cociente entre los impactos

---

[53] *Recordaremos que la unidad de ejecución i es el resultado de la aplicación de una modalidad m a una especie e. (e + m = i).*

ambientales globales (sociales, ecológicos y económicos) causados sobre los valores, usos y recursos a controlar en cada coto, por cada jornada de cazador ejecutada física i y por la unidad de ejecución referencial acordada para e. Por ejemplo, algunos impactos sociales de la caza con armas son mayores que los impactos de la cetrería o de la caza con arco.

$$Ki = UEEFi / UEERe$$

2º/*Impacto sobre su censo referencial.* En este caso, Ki es el cociente entre el número de piezas cobradas referenciales logradas sobre e con cada jornada de cazador ejecutada i (RNUCCRei) y el logrado con cada jornada de cazador ejecutada referencial acordada para e (RNUCCRe):

$$Ki = RNUCCRei / RNUCCRe$$

Ejemplo: si en un coto por jornada de cazador al salto se cobran tres conejos y por jornada de cazador con hurón se cobran nueve; como la del cazador al salto es en el conejo la modalidad referencial, el Ki de la caza con hurón será 3 (9/3 = 3).

2º/*Cálculo del número de jornadas de cazador ejecutadas referenciales con cada i.* El número de jornadas de cazador ejecutadas físicas con cada i (NUEEFei), en los dos casos anteriores (medio y censo), se convierte a su número de jornadas de cazador referenciales i (NUEERei), mediante la aplicación de su correspondiente coeficiente de equivalencia (Ki).

$$NUEERei = NUEEFei \times Ki$$

3º/*Cálculo del número de jornadas de cazador ejecutadas referenciales sobre e.* El número total de jornadas de cazador ejecutadas referenciales aplicadas sobre una especie e (NUEERe), en los dos casos anteriores (medio y censo), es la suma de las ejecutadas a través de las diferentes jornadas de cazador i que se le apliquen (NUEERi):

$$NUEERe_{(soportadas)} = \sum_i NUEERei$$

Soportables

Impactos poblaciones

A efectos de capturas aleatorias, y las de la caza moderna lo son por la propia esencia de esta[54], el número de jornadas de cazador ejecutadas referenciales soportables por una *e* cualquiera (NUEERe$_{(soportables)}$) es en cada fase función de su tasa local de caza genéricamente TLe y de la cazabilidad propia de su jornada de caza ejecutada referencial (CPRe), usualmente establecida en forma de porcentaje; por tanto: tasas locales (CAPÍTULO 4) y cazabilidad de la jornada de caza ejecutada referencial (CAPÍTULO 5).

Con tan solo esos dos datos, el NUEERe$_{(soportables)}$ se calcula en cada fase:

1°/ Por unidad de referencia espacial s (por cada 100 hectáreas):

$$NUEERe_{(soportables)} = LOG\ (1\text{-}TLe/100)\ /\ LOG\ (1\text{-}CPRe/100)$$

2°/ *Para el total del espacio neto ordenado para e en el coto (ENOe);*

$$NUEERe_{(soportables)} = (LOG\ (1\text{-}TLe/100)\ /\ LOG\ (1\text{-}CPRe/100))\ x\ (ENOe/100)$$

---

[54] *Recordemos los cinco Principios éticos básicos de la más genuina caza moderna: respeto, **azar**, difidencia, escasez y sacrificio (Montoya 2022b).*

Impactos ambientales

A efectos de evaluación de los impactos ambientales globales (sociales, ecológicos y económicos), la ejecución misma de cualquiera de las actuaciones de carácter cinegético (usos, cacerías, y demás intervenciones y obras), puede impactar positiva o negativamente, y directa o indirectamente, sobre alguno o algunos de los valores, usos y recursos (cinegéticos o no) presentes en el coto; generando un conjunto de impactos soportados que en todos los casos debe ser evaluado y tenido en cuenta, para tomar las medidas precisas para potenciar los positivos o corregir los negativos[55].

Para ello, deben proponerse unos límites soportables, establecidos inicialmente mediante alguna aproximación técnica racional, y que serán sometidos posteriormente a ensayo heurístico, mediante el control y seguimiento (en estadios de revisión) de los impactos ambientales habidos sobre los valores, usos y recursos que hayan sido establecidos como referencia a controlar. En realidad, existe un claro paralelismo entre los dos grandes tipos de impactos: lo poblacionales y los ambientales.

Cálculo de la presión

Capturas

Cuando para una especie cinegética e pueda utilizarse como unidad de cosa cierta el número de unidades cazables cazadas (cobradas) físicas (genéricamente NUCCFe), estas, según la temporada t en la que hayan sido cobradas (y de su consecuente factor censal FCt), deberán convertirse primeramente a número de

---

[55] *Insistimos: la caza, felizmente, no está sola en el medio natural, sino que es tan solo una pieza del ecosistema o agrobiosistema en el que vive y se desarrolla.*

unidades cazables cazadas referenciales, para establecer así adecuadamente el impacto de las capturas físicas sobre los censos referenciales. (CAPÍTULO 7).

A efectos de control y seguimiento del manejo de cada coto, la presión ejercida sobre cada *e* será el cociente entre lo efectivamente cazado (lo controlado durante la gestión. CAPÍTULO 12) y lo cazable (lo programado en el proyecto de manejo, ya sea de ordenación o de plan anual); ambos cuantificados en todos los casos en número de unidades cazables cazadas referenciales.

$$PRe = NUCCRe_{(cazadas)} / NUCCRe_{(cazables)}$$

En los proyectos de manejo cinegético, lo que tras la gestión resultaría ser lo "cazado" (tangible: capturas reales totales estimadas), es solo lo que inicialmente se calcula que se cazará; un intangible: las capturas programadas, una "profecía". La presión será en estos casos la programada y no necesariamente la real finalmente ejercida sobre cada *e*. FIGURA 9. CAPÍTULO 12.

Jornadas de cazador ejecutadas referenciales. Intangibles de ordenación

Cuando se vaya a utilizar para el cálculo del número de unidades de cosa cierta sobre una especie *e* el número de jornadas de cazador ejecutadas referenciales, la presión ejercida sobre ella será genéricamente (PRe) y según fases, PRAe o actual, PRINe o ideal de normalidad, PRICe o ideal de compatibilidad y PRPe o periódica. En todos los casos se calcula:

$$PRe = NUEERe_{(soportadas)} / NUEERe_{(soportables)}$$

Se calcula así la presión cinegética mediante los que denominamos "intangibles de ordenación"; es decir, exclusivamente sobre tasas y cazabilidades: dos cosas no "físicas" sino "intangibles", de aquí su denominación.

La principal ventaja de este método de cálculo en base a dichos intangibles de ordenación es que la presión se calcula con independencia del *censo referencial* existente en cada caso (coto, fase y especie); excepto en lo que pueda concernir al posible efecto de cada KTEe (biomasa o censo de *e*) y cada KTZe (su distribución) sobre cada TLe (CAPÍTULO 4).

De esta manera se evitan las típicas y tantas veces irresolubles dificultades censales[56], y los elevados costes de censado propios de las especies cinegéticas, usualmente desproporcionados respecto al valor económico de lo que se ordena.

El "inconveniente" es que hay que aplicar una teorética censal muy distinta de la habitual, lo que exige unos nuevos conocimientos y unos cambios complejos y muy profundos respecto a los paradigmas cinegéticos actuales (CAPÍTULO 7).

Las capturas reales totales habidas (FIGURA 9) resultarán ser después mayores o menores (quedarán pues "a resultas"), pero la presión cinegética ejercida será la calculada y, si además es la adecuada, tanto el *Principio obligación* (cazar lo que se debe) como el *Principio de precaución* (cazar solo lo que se debe) se habrán respetado en todos los casos, con o sin censos, y esto es lo único verdaderamente importante: lo que de verdad terminará pasando en la realidad de campo.

Interpretación de la presión

---

[56] *Máxime en el caso de la caza.*

En usos cinegéticos (CAPÍTULO 11) como en capturas, la presión ideal aplicada o a aplicar en cada coto y fase a cada *e*, debería ser igual a uno, pero esto no siempre es o puede ser así.

Presión elevada

Aplicar a una especie *e* una presión de caza elevada (significativamente mayor que uno), y recordando siempre que esta no es una ciencia exacta y que, incluso, en casos extremos podrían llegar a superarse las resiliencias naturales (colapsos biológicos) o ambientales (colapsos estructurales), tiene los siguientes efectos:

1º/*Biomasa y crecimiento*. Reduce los censos de *e*, en su densidad por cada 100 hectáreas y por tanto en su cuantía total en el coto, y puede llegar a reducir su crecimiento (FIGURA 10. CAPÍTULO 3).

2º/*Edad y dimensión*. Las piezas cobradas acabarán teniendo menor edad media, e incluso menor dimensión que las normales. Un aspecto este de mayor relevancia en el caso de la caza mayor (más K) que en el de la menor (más r).

3º/*Perturbaciones*. La especie podrá resultar afectada en sus capacidades naturales de regeneración, y de competencia y compatibilidad con otras (animales o vegetales); así como por diversos factores de perturbación (CAPÍTULO 1).

4º/*Efectos red*. Usualmente, una presión elevada repercutirá negativamente, a través de la siempre compleja trama de impactos ambientales (sociales, ecológicos y económicos), sobre otros valores, usos y demás recursos presentes en el coto; y también sobre las externalidades inducidas por el manejo a efectos de desarrollo sostenible (Montoya 2022b).

Presión reducida

Por el contrario, aplicar a una especie *e* una presión de caza significativamente menor que uno (cazar poco), conduce:

1º/*Biomasa y crecimiento*. A un aumento de la densidad de su biomasa e incluso a una reducción de su crecimiento (FIGURA 10. CAPÍTULO 3).

2º/*Edad y dimensión*. Las piezas cobradas acabarán teniendo mayor edad y no necesariamente mayores dimensiones (sobre todo cuando se llegue tempranamente al estancamiento poblacional[57]).

3º/*Perturbaciones*. La especie podrá resultar afectada en sus capacidades naturales de regeneración y de competencia respecto a otras (más avanzadas en la sucesión natural) y suele acabar sometida a diferentes factores de perturbación, distintos de los del caso anterior, pero no por ello menos activos y poderosos: alguien o algo cazará siempre lo que hayamos dejado de cazar; tardará más o tardará menos, pero lo cazará.

4º/*Efectos red*. Usualmente repercutirá negativamente a través de la siempre compleja trama de impactos ambientales sobre otros valores, usos y demás recursos. El equilibrio, en la Naturaleza, no se refiere solo a las especies sino más bien a las biocenosis; en realidad no manejamos especies sino comunidades biológicas, animales y vegetales, y lo hacemos además en marcos ambientales extremadamente múltiples y complejos (en lo social, en lo ecológico y en lo económico).

---

[57] *Aparece cuando, como consecuencia del exceso de densidad de una población, sus individuos no consiguen mantener un crecimiento y unas condiciones de vida suficientemente naturales y sanas. Suele implicar una senescencia temprana de los individuos: ser más viejos de lo que corresponde a su edad y morir a edades más tempranas que las normales (CAPÍTULO 1).*

Es llamativa la simetría natural existente entre el exceso y el defecto de presión; cuando no importa el qué, dónde, ni cuándo, se maneja inadecuadamente: irracionalmente.

Cabría volver a reflexionar sobre qué sucede cuando la presión ni siquiera se calcula, algo que suele hacerse demasiadas veces, por no decir que casi todas o incluso todas.

Tasas de captura. Cuantificación del furtivismo

Una determinada presión de caza implica siempre una tasa o porcentaje de capturas. Dada una tasa de captura, las poblaciones acaban teniendo una determinada edad media; como hemos dicho: menor si la presión es elevada, mayor si es escasa.

Por vía contraria, determinada la edad media de las piezas cazadas, puede llegar a deducirse la tasa local de mortalidad total (incluidas todas las causas, naturales y antrópicas, ya sean estas regulares o no). En algunos casos, esto permite dimensionar (por diferencia) las capturas atípicas existentes (furtivismo, enfermedades atípicas…) y en otros casos verificar la precisión de los cálculos efectuados, cuando estas capturas atípicas sean irrelevantes o estén bien cuantificadas.

Por ejemplo: si la edad media de las capturas efectuadas sobre una especie es A, y si no se comienzan las capturas hasta que sus ejemplares no cumplen sus primeros a años, la tasa local de mortalidad total (TLMT) en %, a partir de esa edad a, es (Montoya 1999a)

$$TLMT = 100 / (A - a)$$

Procesos sociológicos de supramarginalización

La supramarginalización socioeconómica de cualquier modalidad m que afecte a una especie e, es relevante a la hora de interpretar y tratar de ajustar la presión ejercida sobre ella, porque condiciona su coeficiente de asistencia real (CARm), hasta tal punto que, sin considerar los efectos de la supramarginalización de una m, la interpretación de la presión calculada para una e y su posible corrección pueden resultar erróneas (Montoya 2020a, Montoya 2022a).

1º/*Presión baja*. Si la presión resultante sobre e es menor que uno, no aumentará esta aunque para m se incremente el número de cazadores equivalentes autorizados (a igualdad de clase sociológica) o el número de sus unidades temporales hábiles, o se suavicen sus condiciones técnicas; porque los cazadores seguirán abandonando su asistencia, al completar el número de unidades de satisfacción límite de m; nada o casi nada habrá cambiado, aunque tal vez podría actuarse a través de otras modalidades no supramarginalizadas que afecten a esa misma especie e.

Ejemplo: si los cazadores están autorizados en un coto a cazar una especie con una modalidad durante un total de 12 días hábiles; pero apenas si van a cazarla los primeros dos días de ellos (algo que suele suceder en muchas desvedas "pobres", por ejemplo, en algunas de las de la codorniz), dará exactamente igual ampliar el número de días de caza, o de cazadores: seguirán sin ir apenas, y la presión en ese coto seguirá siendo baja.

2º/*Presión alta*. Si la presión calculada sobre e resulta significativamente mayor que uno, tampoco decrecerá disminuyendo en parte el número de cazadores equivalentes autorizados, o el número de unidades temporales hábiles, o bien endureciendo las condiciones técnicas, al menos mientras que la situación de supramarginalización de m persista; porque hasta entonces los cazadores seguirán abandonando tardíamente su asistencia, tras completar las unidades de satisfacción límite de su modalidad m. Será precisa una reducción significativamente mayor del número de jornadas de cazador habilitadas físicas de la modalidad (NUEHFm) para que desaparezca la supramarginalización y algo comience a cambiar; aunque, como en el caso anterior, tal vez podría actuarse a través de otras modalidades que puedan afectar a la misma unidad biológica e.

Ejemplo: si los cazadores están autorizados en un coto a cazar la perdiz en mano y salto durante un total de 14 días hábiles; pero apenas persisten en su asistencia durante los 2 o 3 primeros días, ejerciendo sin embargo una presión final elevada (algo a cada vez más frecuente, por desgracia), dará exactamente igual reducir el número de días hábiles de caza, o el número de cazadores; pues mientras la supramarginalización persista, la presión seguirá siendo igual de alta: hacer como si se hace.

Presión por fases

Calcular en cada coto la presión de un uso cinegético o de la caza ejercida sobre cada especie e según fases, servirá dentro de los cálculos algorítmicos para:

1º/*Acta de estado*. La presión ejercida hasta hoy (PRAe) se usará, dentro de la fase del análisis ecológico, en la determinación de los censos y de las consecuentes capturas de ordenación por "deriva de resultados de captura" y para la adecuada identificación cuantitativa de la situación actual del coto: *lo que tenemos*. (CAPÍTULO 7).

2º/*Espacio modelo ideal (PRIe)*. Ya se haya establecido este con criterio de normalidad biológica (PRINe) o de compatibilidad ambiental (PRICe), servirá para establecer y ajustar el estado ideal de sostenibilidad de cada e en el coto, y para calcular sus aspectos sociales, ecológicos y económicos: *lo que queremos*.

3º/*Planes especiales (PRPe)*. Servirá para establecer el próximo escenario real, el del próximo periodo de ordenación, y para ajustar sus aspectos sociales, ecológicos y económicos: *lo que haremos*.

Consideraciones finales

Cuando ya hemos alcanzado sensiblemente la mitad de la extensión de este libro, nos parece que es el momento oportuno para trazar el resto del camino a seguir en él: el camino hacia la sostenibilidad y el desarrollo sostenible.

Hasta aquí hemos ido revisando puntualmente los paradigmas cinegéticos vigentes, a los que por sus resultados no dudamos en calificar de obsoletos, y hemos planteado perspectivas alternativas respecto a ellos en torno a la ecosistémica, crecimientos y posibilidades, tasas, cazabilidades, y presiones; pero, para plantear una Ecología cinegética verdaderamente aplicable al manejo cinegético racional, debemos revisar también las cuestiones relativas a los censos cinegéticos y a las capturas consecuentes (en ambos casos de ordenación y de gestión), a los usos cinegéticos, y a todos los demás valores y usos que pudieran llegar a impactar o a ser impactados por el manejo cinegético.

No podremos concluir sin estudiar las medidas complementarias de precaución y los indicadores de alerta en la gestión. Todo esto es lo que haremos en la segunda mitad de este libro.

7. CENSOS DE ORDENACIÓN

Censos físicos instantáneos tradicionales

Limitaciones

Censar en un coto una determinada especie cinegética *e* en una momento concreto *n*, mediante alguna de las metodologías científicas que se han hecho tradicionales (Tellerías 1986), para basar después su manejo sobre el censo físico instantáneo así obtenido, es una práctica técnica muy común. De hecho, es lo que predominantemente se viene haciendo en materia de ordenación y gestión cinegética; pero este proceder, a la hora de lograr un manejo cinegético racional en campo, presenta serias limitaciones prácticas, que pueden ser:

1º/*Técnicas*. Los censos así obtenidos resultan poco fiables, sobre todo en medios de difícil censado y frente a especies tan difidentes e inconspicuas como son las cinegéticas. Muchas veces, los llamados genéricamente "censos" apenas si son meros índices de abundancia relativa.

2º/*Naturales*. Algunas especies (estrategas *r*, migratorias y erráticas) tienen en un coto censos variables, entre años, dentro del año, e incluso entre días y hasta horas; por lo que su censo físico instantáneo depende mucho de la fecha e incluso del momento mismo *n* de su censado.

3º/*Variabilidad*. Tras su ejecución, pueden afectar a estos censos instantáneos diversas variaciones poblacionales tales como las debidas a su propia variación natural (aumento o disminución del número de ejemplares), a las diversas bajas ajenas a las capturas controladas propiamente dichas (perturbaciones, furtivismo…), o bien a las producidas por estas últimas.

4º/*Costes*. Sus costes suelen resultar desproporcionadamente elevados, respecto al marco económico real de los cotos y a la necesidad y utilidad real de los datos obtenidos. Cabría hablar en ocasiones de un mero "prurito censal": el censo por el censo. Es frecuente oír que *"para mí lo más importante de la ordenación es un buen censo"*; pero… ¿Es posible lograrlo? Por otra parte: ¿Es imposible lograr una buena ordenación sin hacer primeramente un censo físico instantáneo tradicional?

5º/*Supervisión*. Suele ser imposible, o demasiado caro, el supervisar adecuadamente la correcta ejecución en campo de los censos; por lo que su toma de datos, sus cálculos internos, y los resultados censales obtenidos, resultan frecuentemente cuestionables, y pueden y suelen cuestionarse de hecho. El frecuente exceso de discrecionalidad de quienes los hacen suele conducir a resultados muy manipulables, cuando no sencillamente arbitrarios.

Los manejos de la caza mayor y menor han sido los más perjudicados por la rutinaria persistencia en estas inadecuadas metodologías censales y, sobre todo, por la falta de una teorética[58] censal adecuada, rectora, innovadora, propia del manejo cinegético y, sobre todo, común para todos los cotos y todas las especies cinegéticas.

Aplicaciones

Finalmente, la aplicación a la cinegética de estos censos físicos instantáneos tradicionales no debería de ser acomodaticia[59] y

---

[58] *Teoría de la teoría.*

[59] *Usarlas "cómodamente", solo porque se conocen y porque se enseñan y aprenden en las universidades. Si es lo que se hace, es lo que nos han enseñado y es lo que ya nos sabemos ¿Por qué seguir estudiando? ¡Lejos de mí la funesta manía de pensar!*

rutinaria, como viene siendo, sino que debería reservarse exclusivamente para:

1º/*Determinadas especies*. Las que sean a la vez: poco difidentes, conspicuas, estables numéricamente (estrategas K), sedentarias y de censado fácil, fiable y económico. Apenas si algunos grandes mamíferos de algunas tundras, estepas y sabanas remotas pueden llegar a cumplir simultáneamente con todas estas condiciones.

2º/*Gestión*. Para la gestión "día a día" de las cacerías, en los casos que así lo aconsejen; pero tan solo para la gestión (aplicación, supervisión, control y seguimiento del manejo), que no para la ordenación cinegética. (CAPÍTULO 9).

3º/*Valores y usos*. Para la ordenación de especies no sometidas a caza en un coto por alguna razón; como pueden ser las llamadas "protegidas" y las sometidas solo a usos (cinegéticos o no) tales como la observación y fotografía de animales, usos educativos u otros (CAPÍTULO 11).

4º/*Investigación*. Para aquellas investigaciones científicas generalistas que metodológicamente los requieran. Esta es su verdadera utilidad original. El persistente error actual es trasladar sin mayor discernimiento las metodologías científicas de carácter general, al manejo técnico de la caza y a la investigación heurística de carácter local (Montoya 2022b).

Censos de ordenación por deriva de resultados de caza

En los numerosos casos (cotos, especies y fases) en los que no sean aplicables los censos físicos instantáneos tradicionales, y otras veces como mejor alternativa técnica, científica y económica para ellos; para el establecimiento de los censos de ordenación cinegética consideramos que resulta aconsejable aplicar la metodología censal de *deriva de resultados de caza*, con claros antecedentes en el marco de las metodologías censales tradicionales; pero desarrollados ahora en el marco de un algoritmo local predeterminado y propio de cada coto, como el que ahora estamos desarrollando (FIGURA 2).

Con esta novedosa metodología, los censos de ordenación obtenidos resultan:

1º/*Normalizados*, lo que evita discrecionalidades abusivas y sesgos personales o caprichosos; pues con los mismos datos se obtendrá siempre el mismo censo, lo que los hace mucho más fiables que los tradicionales (bastante más "personalizables" o "amañables").

2º/*Económicos*, porque arrancan de datos de fácil y económica obtención, muchas veces preexistentes y por tanto de coste cero o casi cero.

3º/*Rápidos y factibles*, porque no exigen plazo de ejecución alguno y pueden hacerse en cualquier fecha del año: cuando se precisen los resultados censales y siempre dentro del plazo de redacción del proyecto de ordenación. ¿Cuántos censos y proyectos de ordenación que afectan a las especies migratorias o erráticas se han hecho en las fechas en las que éstas estaban ausentes del coto? ¿Cómo se contabilizaron?

A diferencia de los censos físicos instantáneos tradicionales, para cada especie cinegética e, los censos de ordenación establecidos por deriva de resultados de caza no son un único censo, sino varios, cada uno de ellos con su propio proceso de toma de datos, itinerario de cálculo y utilidades de sus resultados; además de con sus propias utilidades posteriores para la gestión (aplicación, supervisión, control y seguimiento de la ordenación).

En cada coto y fase, y para cada especie cinegética e, estos censos de ordenación obtenidos por deriva de resultados de caza son:

censo referencial base, censos referenciales secuenciales y censos físicos secuenciales.

Censo referencial base

En toda ordenación, los censos referenciales base de una especie cinegética cualquiera (Genéricamente BDR, y según fases: BDRA, el actualmente esperable en la primera anualidad del próximo periodo de ordenación; BDRIN, el ideal biológicamente normal; BDRIC el ideal de compatibilidad; y BDRPa, el esperable en cada una de las sucesivas anualidades *a* del periodo de ordenación) serán la base numérica censal sobre la que, para calcular las capturas programadas (FIGURA 9), se aplicarán las diferentes tasas locales de caza (Genéricamente TL, y según fases: TLEA, TLEIN, TLEIC, y TLP). (CAPÍTULO 3).

Todo censo referencial base, el origen para cada *e* de todos los demás censos, se establece bajo las siguientes condiciones e hipótesis:

1ª/*Fechas referenciales.*

    1º/*Sedentarias y criollas.* Censo referido a una fecha concreta: la de apertura de su temporada de caza principal en las especies sedentarias y también en las migratorias "criollas", al menos mientras permanezcan en el lugar donde nacieron.

    2º/*Migratorias "serranillas" y erráticas.* Censo referido en ambos casos a una fecha indeterminada: la de sus existencias medias durante su temporada principal de caza.

2ª/*Ausencia de azares atípicos.*

    1º/*Azares biológicos.* Azares de supervivencia, reproducción, crecimiento, fugacidad, migración y erratismo. Siendo siempre más significativos estos azares en las especies de

tendencia r que en las K y, por tanto, mayores en general en
la caza menor que en la mayor.

2º/*Azares de gestión.* Incidencias y azares diversos,
meteorológicos, técnicos, de caza, errores, limitaciones,
oportunidades, costes...

3º/*Azares de proyecto.* Errores groseros, imprecisiones,
imprevisibles o imprevistos, etc.

3ª/*Ausencia de capturas previas.* En cada caso, en ausencia de
capturas controladas previas a la fecha referencial (las capturas
incontroladas afectarían al TLEA a través de su KTA).
(CAPÍTULO 3).

Todo censo referencial base, tiene la cualidad y utilidad principal
de no depender del modelo de caza seguido hasta hoy o a seguir en
el futuro. Respecto a los censos físicos instantáneos tradicionales,
el censo referencial base actual (BDRA), establecido por deriva de
resultados de caza, es un censo que reúne simultáneamente las
cualidades de ser: referencial, promedio, predictivo y calculado

1º/*Referencial.* Establecido para la fecha referencial de su especie,
y con las condiciones e hipótesis añadidas de ausencia de azares
y de capturas previas que acabamos de mencionar.

2º/*Promedio.* En la práctica suele suceder que una anualidad no
esté libre de azares atípicos, por lo que basar las sucesivas
anualidades del próximo periodo de ordenación en los datos de
una sola anualidad, e incluso de una sola fecha o instante n,
como se hace típicamente con los censos físicos instantáneos
tradicionales, resulta arriesgado; por lo que es siempre mucho
más prudente y razonable el calcular el BDRA esperado para la
primera anualidad del próximo periodo de ordenación, a partir
del promedio de los datos de captura obtenidos durante las

últimas anualidades o, mejor aún, durante al menos todo el periodo de ordenación anterior.

3º/*Predictivo*. Si se cumplen las condiciones e hipótesis establecidas, el BDRA será el estadísticamente más probable en la próxima fecha referencial de su especie: el censo referencial en la primera anualidad del próximo periodo de ordenación ($BDRA = BDRP_1$): el censo buscado.

Azares por medio, la próxima anualidad, que será la primera del próximo periodo de ordenación, será típica o no (¿Quién sabe?); pero a efectos de ordenación habrá que esperar y considerar que será una anualidad típica e igual al promedio de las precedentes, porque esto es lo estadísticamente esperable: lo más probable.

A efectos de la programación de los planes especiales y en especial del plan especial de caza, se considerará que las condiciones censales futuras de cada BDRPa ($BDRP_1$, $BDRP_2$, $BDRP_3$, $BDRP_4$, $BDRP_5$) serán también típicas durante las sucesivas anualidades del periodo de ordenación.

En todos los casos, las imprevisibles y hasta casi inevitables desviaciones reales de estos censos en cada anualidad a (la diferencia entre lo "profetizado" y lo "constatado" en ella) serán absorbidas en obra por el gestor del plan anual de a (que para eso está). Además, y porque el entorno de la media es siempre el dato esperable más probable, estas desviaciones serán siempre estadísticamente las menores posibles y, por tanto, la gestión podrá seguir al máximo posible lo propuesto por la ordenación ¿Cabría otra estrategia más racional a efectos de manejo?

4º/*Calculado*. En cada caso concreto (coto y especie), todo censo referencial base será un resultado obtenido para cada especie e dentro del algoritmo local propio de cada coto, y estará basado en una toma de datos normalizados y debidamente validados, lo que incrementa su fiabilidad, al evitar los posibles y hasta habituales abusos de discrecionalidad: arbitrariedades e incluso sesgos intencionados.

En la práctica, los datos tomados, previamente validados por cazadores locales expertos, y una vez usados en los cálculos algorítmicos, darán lugar a unos resultados que, en lo posible, deberán verificarse o contrastarse posteriormente con la realidad; por ejemplo, confirmando con gestores, guardas y cazadores la probable veracidad de los resultados obtenidos, en previsión de posibles errores groseros o de desviaciones graves en los datos de partida.

Hay que recordar a estos efectos que *"El cazador no puede engañar a los de su oficio"*, por lo que es recomendable que quien toma los datos sea un cazador de amplia experiencia o que cuente con el apoyo fiable de alguno o algunos de ellos. La leal cooperación con las estructuras sociales de los cazadores (en su lógica e "idioma") tales como las federaciones, peñas y clubes de cazadores resulta fundamental; siendo el formarlas y potenciarlas una necesidad urgente a efectos de lograr, a través de la verdad, y mediante una educación ambiental aplicada de calidad, el mejor manejo sostenible de la caza posible.

También se evitarán así los habituales errores y sesgos típicos de los muestreos directos (mediciones, visualizaciones, audiciones...); así como de los indirectos establecidos a partir de resultados instantáneos de caza (CAPÍTULO 9) u otros criterios también indirectos como grado de ramoneo[60], rastros, vestigios, excrementos...

---

[60] *Un excelente método de censado indirecto, cuando de especies significativamente ramoneadoras de trata; aunque su correcta aplicación en campo exige unos conocimientos significativos en materia de pastoralismo (Montoya 1999, Montoya 2013).*

Censos referenciales secuenciales

El concepto de censo referencial secuencial es esencial cuando una especie *e*, en una misma anualidad *a*, dentro de su periodo hábil total de caza, esté sometida a más de una temporada de caza (pretemporadas, temporada, prorrogas...). Recordaremos:

Año natural ≠ Anualidad cinegética

Anualidad cinegética ≥ Periodo hábil ≥ Temporada de caza

Dependiendo del modelo de caza seguido hasta hoy (acta de estado) o a seguir en el futuro (espacio modelo ideal y planes especiales), durante el periodo hábil de *e*, su censo referencial base inicial ($BDRAe = BDRPe_1$) irá disminuyendo inevitablemente por la acumulación de las capturas referenciales (controladas) efectuadas durante las sucesivas temporadas. Así, cada temporada tendrá su propio censo referencial secuencial: el que le haya ido quedando a partir del censo referencial base inicialmente disponible para la anualidad *a*; es decir: el censo referencial base de la especie *e* en la anualidad a, menos las capturas referenciales (controladas) efectuadas durante las temporadas que hayan precedido a la temporada de la que se trate.

Cuando solo existe la temporada de caza referencial, y por tanto una única temporada de caza durante el periodo hábil de *e*, el censo referencial base es el único censo referencial secuencial que existe.

Los censos referenciales secuenciales tienen las mismas características que los censos referenciales base; pero, a diferencia de estos que son independientes del modelo de caza aplicado, los secuenciales sí dependen de este, pues van "leyendo" el modelo de caza realmente aplicado: las capturas referenciales controladas efectuadas durante las temporadas precedentes a cada una de ellas, lo que constituye su principal cualidad.

La utilidad posterior de estos censos para la ordenación es innegable, pues permite distribuir de la forma más racional y consensuada posible el total de las capturas referenciales (controladas) a efectuar sobre la especie e durante la anualidad a, entre las diferentes temporadas de caza t y entre las distintas modalidades de caza m aplicadas en cada t; es decir mediante cada $i\,(e+m)$.

Por ejemplo, permiten conocer el reparto de las capturas referenciales aconsejable entre la temporada llamada "de descaste" del conejo, su temporada general de caza, y las posibles cacerías posteriores por daños; resolviéndose así muchos de los conflictos internos de programación en los cotos.

Lo mismo sucede con la caza de la perdiz en ojeo, en mano y con reclamo macho, o con el rececho, espera, aguardo nocturno y montería del jabalí, o la liebre con galgos, sabuesos, y al salto (tres perspectivas muy distintas y muchas veces conflictivas entre sí).

En todo caso, estos censos referenciales secuenciales "leen" unas innegables realidades censales que obviamente hay que identificar y manejar. ¿Cómo ordenar o gestionar adecuadamente una especie en un coto, sin tener en cuenta estas realidades? ¿Cómo limitarse a un único censo físico instantáneo, por muy tradicional que se haya hecho?

Censos físicos secuenciales

Para cada especie e, sus censos físicos secuenciales se calculan multiplicando sus sucesivos censos referenciales secuenciales, por el factor censal propio de cada una de sus sucesivas temporadas de caza.

El que denominamos factor censal es un dato propio de cada temporada de caza t (FCt). Es un dato estrechamente ligado a la dinámica poblacional de cada especie e en cada coto. Se establece mediante el cociente entre el censo físico que de forma natural habría en esa temporada *t* (en ausencia de capturas cinegéticas previas) y el censo referencial base de *e* que habría en iguales condiciones de ausencia de captaciones previas: el censo en la fecha o temporada referencial establecida.

El factor censal suele ser mayor que uno en las temporadas de captación tempranas, por definición es uno en la referencial, y suele ser menor que uno en las tardías. Trata de evaluar las bajas locales, naturales y antrópicas (ajenas a las capturas controladas) habidas antes o después de la fecha referencial de la unidad biológica. Tiene especial relevancia en el caso de las especies estrategas de la *r*. Contribuye a separar los impactos poblacionales (naturales y antrópicos no controlados) de los impactos de las capturas cinegéticas controladas (de aprovechamiento o de gestión).

Para cada *e* y *t*, el factor censal puede ser un dato establecido directamente, por muestreo cuando esto sea viable, o mediante una aproximación técnica racional (según casos discrecional, consensuada, asimilada, heurística o elaborada). Suele ser el mismo entre las distintas fases del algoritmo, a reserva de posibles ajustes por efecto de la convergencia hacia y hasta los estados poblacionales normales e ideales previstos, y de los posibles impactos o repercusiones de estos ajustes sobre la dinámica poblacional local.

Cuando solo existe la temporada de caza referencial, coinciden el censo referencial base, su único censo referencial secuencial, y su único censo físico secuencial. En los demás casos, según el modelo de caza seguido o a seguir, y según se capte más o menos en cada una de las sucesivas temporadas, habrá un único censo referencial base, diferentes censos referenciales secuenciales, y distintos censos físicos secuenciales.

Los censos físicos secuenciales están muy ligados a las capturas físicas secuenciales y presentan la ventaja y utilidad de ser muy visualizables por los cazadores de caza coto (diríamos que no son "números" sino "piezas", y también la de ser básicos en la aplicación, control y valoración de las capturas físicas logradas con cada i ($e + m$), con independencia de que las unidades de "cosa cierta" aplicadas en cada caso sean las piezas cobradas o las jornadas de cazador habilitadas o ejecutadas (Montoya 2022a).

Toma de datos

Todos los datos precisos para efectuar los cálculos censales por deriva de resultados de caza son datos previamente disponibles o de fácil toma o, como mínimo, más disponibles y de más fácil y económica toma que los datos precisos para establecer los censos físicos instantáneos tradicionales. Según las distintas fases del algoritmo los datos a tomar son:

Acta de estado (BDRA)

1º/*Capturas físicas*. Media anual del número de piezas físicas cobradas, sobre cada especie e con cada modalidad m; es decir: con cada i (unidad de ejecución, control y valoración). (NUCCFAei).

2º/*Factores censales*. Los factores censales locales de cada e en cada una de sus temporada de caza t (FCet).

3º/*Capturas referenciales*. Número de piezas cobradas referenciales actuales logradas sobre cada especie e con cada modalidad m, y por tanto con cada i (NUCCRAei) que, por definición, es el promedio de número de piezas físicas cobradas en las anualidades precedentes con cada i (NUCCFAei), partido por el FCet correspondiente.

$$NUCRAei = NUCFAei \, / \, FCet$$

4º/*Presión de caza*. La aplicada hasta hoy, cuyo cálculo (CAPÍTULO 6) precisa disponer de:

1º/*NUEERe_soportadas*. Número de jornadas de cazador ejecutadas referenciales soportadas por *e*. (Montoya 2022a).

2º/*TLEAe*. Tasa local estable actual de *e*. (CAPÍTULO 4).

3º/*CPRe*. La cazabilidad referencial de *e*. (CAPÍTULO 5).

Espacio modelo ideal (BDRIN y BDRIC)

1º/*Calidad estacional*. La calidad ecológica del coto para la especie *e* concernida. Algo que no conviene confundir con las capturas obtenidas en él; excepto que se encuentre en su estado ideal de normalidad biológica y se le cace a presión uno, lo que muchas veces no sucede. En todo caso, una aproximación sensata, establecida a partir de datos ecológicos (clima, suelos vegetación, fauna…) y de los usos del suelo del coto, es mejor que un error grosero de este tipo, como sería el prescindir de este dato.

2º/*Censos ideales normales*. Los de la especie *e* en esa calidad estacional, tanto en su *cuantía censal total* como en su *distribución interna (pirámide poblacional)*; tabulados previamente o bien propuestos inicialmente a ensayo heurístico, mediante alguna aproximación técnica racional considerada válida en principio. De nuevo el error sería prescindir de este dato.

3º/*Censos y factor de compatibilidad*. El censo de compatibilidad inicialmente propuesto para *e*, en su caso, en el diseño previo del espacio modelo ideal; siendo el factor de compatibilidad la relación entre los censos referenciales de compatibilidad pretendidos en él (en biomasa y distribución) y los propios del estado ideal de normalidad. Otra vez el error sería prescindir de este dato.

Planes especiales (BDRPa)

Para establecer la sucesión hipotética de los censos referenciales base anuales periódicos ($BDRP_1$, $BDRP_2$, $BDRP_3$, $BDRP_4$, $BDRP_5$); es decir: para prever la evolución más probable de estos censos durante los cinco primeros años del posible periodo de convergencia poblacional total (de cinco años o de más); el periodo de tiempo preciso para conseguir llegar desde el BDRA (= $BDRP_1$) hasta el BDRI pretendido (BDRIN o BRIC), debe fijarse para cada especie *e* su plazo de convergencia (PCe), usualmente coincidente con el periodo de ordenación (pero no siempre), y calcular después su variación de ordenación (VOe), por el método de mínima y constante variación de ordenación (Montoya 1997. Montoya 2013). (CAPÍTULO 4).

Cálculo de los censos de ordenación

Censo referencial base actual (BDRAe)

Si se aplica una presión de caza correcta a una especie cinegética cualquiera *e*, las capturas obtenidas serán función del censo: donde haya más se cazará más y donde haya menos se cazará menos. Por tanto, las capturas habidas miden indirectamente el censo, y las capturas promedio habidas durante un periodo de ordenación, miden el censo que en promedio haya habido durante él (unos años con otros) que es el dato que estamos buscando: *el censo futuro más probable de e en la primera anualidad del próximo periodo de ordenación* ($BDRAe = BDRPe_1$).

El cálculo de este BDRAe nos obliga a distinguir entre el *censo referencial utilizado actual* y el *censo referencial utilizable actual*; siendo este último el verdadero censo referencial base actual.

1º/*Censo referencial utilizado actual*. Para cada especie *e* se calcula a partir del número de piezas referenciales actuales logradas en promedio hasta hoy sobre *e* mediante cada modalidad *m* y, por tanto con cada unidad de ejecución, control y valoración *i* (NUCCRAei).

Acumulando el NUCCRAeit de cada temporada de caza *t*[61] se obtendrá su NUCCRAet. Sobre cada *e*, su NUCCRAe será la suma del NUCCRAet logradas durante todas las posibles temporadas *t* de su periodo hábil total.

El censo referencial actual utilizado de *e* será sencillamente:

$$BDRAe_{utilizado} = NUCCRAe \: / \: TLEAe$$

El censo referencial utilizado actual significa la dimensión que debería de haber tenido el censo referencial base de una *e*, para que las capturas referenciales promedio efectuadas sobre ella fueran las debidas; pero una cosa es el censo que venimos utilizando, el censo referencial utilizado actual *BDRAeutilizado*, y otra el que deberíamos utilizar en la ordenación, el censo referencial utilizable actual: el verdadero censo referencial base actual ($BDRAe_{utilizable} = BDRPe_1$).

2º/*Censo referencial utilizable actual.* En un coto, sobre una especie *e*, una presión de caza abusiva o escasa (distinta de uno), algo que solo es posible mantener sobre las especies sedentarias durante un limitado periodo de tiempo o, durante un periodo significativamente mayor sobre las especies migratorias y erráticas, conduce inexorablemente a un censo utilizado distinto del verdadero censo utilizable. Para establecer este, y a la espera

---

[61] *Recordemos que en una misma temporada de caza pueden cazarse una especie cinegética con más de una modalidad y que, por tanto, puede haber más de una i. Por ejemplo, conejo a diente (o garrote), con perros, y con hurón, o liebre con galgos o con escopeta o a ojeo. Las variantes en el campo español son casi inimaginables, y todas tienen una razón y una utilidad, y todas forman parte del riquísimo y diverso patrimonio cultural-cinegético español.*

de mejor criterio científico, dividimos el censo referencial utilizado actual, por la raíz cuadrada de la presión aplicada previamente (PRA), pues una presión doble no consigue unas capturas dobles.

$$BDRAe_{utilizable} = BDRPe_1 = (NUCCRAe\,/\,TLEAe)\,/\,(PRAe^{\wedge 1/2})$$

Censo referencial base ideal (BDRIe)

En cada coto, para cada especie e, su censo referencial base ideal (BDRIe), que según casos puede ser un censo referencial base ideal normal (BDRINe) de naturaleza básicamente biológica, o bien un censo referencial base ideal de compatibilidad ambiental (BDRICe), compatibilidad que puede ser social, ecológica o económica. En ausencia de razones de compatibilidad (factor de compatibilidad censal igual a uno), el BDRINe y el BDRICe coinciden.

1º/*Censo referencial base ideal normal (BDRINe)*. Se establece a partir del estudio ecológico de cada coto que deberá fijar la calidad de estación para cada una de sus especies e. Cuando este censo normal no esté tabulado por calidades tanto en sus biomasas totales (B) como en su distribución (D), deberá proponerse mediante alguna aproximación técnica racional, como mejor hipótesis inicial, siempre a ensayar después heurísticamente conforme al correspondiente protocolo global (FIGURA 1).

2º/*Censo referencial base ideal de compatibilidad (BDRICe)*. Resultará obligadamente distinto del biológicamente normal, cuando así lo exijan las condiciones locales de compatibilidad ambiental global (social, ecológica, o económica) y más concretamente del censo ideal de e con alguno o algunos de los demás valores, usos y recursos afectados directa o indirectamente por el manejo del coto; valores, usos y recursos impactados por *e*, que no siempre son cinegéticos. Sobre los cinegéticos actúa directamente el manejo, sobre los no cinegéticos actúa indirectamente.

El BDRICe es el producto del BDRINe por el factor actual de compatibilidad local propuesto para cada *e* (en biomasa y distribución): un coeficiente a controlar y mejorar heurísticamente, que puede variar en el tiempo por razones ambientales diversas y que, según casos, puede ser mayor, igual o menor que uno.

Ambos censos, BDRINe y BDRICe, deben establecerse para cada *e* en todos los casos de manejo, pues afectan básicamente al cálculo de su KTE y su KTZ (CAPÍTULO 4).

Censos referenciales base periódicos anuales (BDRPea)

En cada coto, y para cada especie *e*, los sucesivos censos referenciales base periódicos, previstos como más probables para cada *e* en cada anualidad *a* del próximo periodo de ordenación (BDRPea), son el resultado de aplicar al censo referencial base actual (BDRAe = BDRPe$_1$) y a su TLEAe local la variación de ordenación (VOe) calculada (CAPÍTULO 4): el *sacrificio* o el *beneficio* de ordenación preciso, en cada caso, para converger desde el BDRAe hasta el BDRIe (normal o de compatibilidad), en el plazo de convergencia total (PCe) establecido; igual o mayor que el periodo de ordenación programado.

La VOe, porque es un dato local propio de cada coto, no puede aplicarse a las unidades migratorias a la escala de cada coto (porque no solo viven en él); aunque sí a la escala de su área de distribución global, mediante las oportunas aproximaciones técnicas racionales globales, y a través de su correspondiente KTF (CAPÍTULO 4).

Censos referenciales periódicos secuenciales (BDRPeat)

En cada coto, y para cada especie *e*, el censo referencial secuencial de una temporada *t* (genéricamente BDRet y según fases BDRAet, BDRNet, BDRICet, BDRPeat) es para cada *e* su censo referencial base inicial (BDRAe, BDRINe, BDRICe, y BDRPea), menos las capturas referenciales controladas efectuadas durante las temporadas que le hayan ido precediendo, que son a su vez el cociente entre las físicas, obtenidas hasta hoy (acta de estado) o a las que se prevé lograr en el futuro durante ellas (espacio modelo ideal y planes especiales), y el factor censal propio de cada *t* (FCet).

Censos físicos periódicos secuenciales (BDFPeat)

Para cada *e* se calculan multiplicando los BDRPeat, por su FCet (FIGURA 12).

Figura 12. Censos actuales por deriva de resultados de caza

UNIDAD BIOLÓGICA (ESPECIE CINEGÉTICA)		MODALIDADES DE CAZA	MEDIA DEL NÚMERO DE PIEZAS COBRADAS FÍSICAS ACTUALES	NÚMERO DE PIEZAS COBRADAS FÍSICAS POR TEMPORADA	FACTOR CENSAL DE CADA TEMPORADA	NÚMERO DE PIEZAS COBRADAS REFERENCIALES ACTUALES	TASA LOCAL ESTABLE ACTUAL	CENSO UTILIZADO ACTUAL	PRESIÓN DE CAZA ACTUAL	CENSO REFERENCIAL BASE ACTUAL	CENSOS REFERENCIALES SECUENCIALES ACTUALES	CENSOS FÍSICOS SECUENCIALES ACTUALES
PERIODO HÁBIL TOTAL DE CAZA	Temporada A (temprana)	A1	200	560	2.0	280.0					1331	2661
		A2	360									
	Temporada B (referencial)	B1	120	320	1.0	320.0					1051	1051
		B2	200									
	Temporada C (tardía)	C	214	214	0.8	267.5					731	585
TOTALES			1094	1094		867.5	0.50	1735	1.7	1331		

8. CAPTURAS DE ORDENACIÓN

Capturas potenciales

Capturas referenciales base

En un coto, para cada especie *e*, las capturas referenciales base, propias de cada fase de su algoritmo (FIGURA 2), se refieren a las que se vienen consiguiendo en total hasta hoy (en el acta de estado), a las que se conseguirían en los estados ideales de normalidad biológica y de compatibilidad ambiental (en el diseño del estado modelo ideal), o a las que podrían conseguirse en cada anualidad del próximo periodo de ordenación (en la programación de los planes especiales). Todas ellas cazadas mediante los distintos tipos de unidades de ejecución, control y valoración *i* (especie *e* y modalidad *m*).

Para cada coto, especie *e*, y fase del algoritmo, las capturas referenciales base, establecidas en número de piezas, cazadas o a cazar, son genéricamente NUCCRe, y según fases: NUCCRAe o actuales, NUCCRINe o ideales normales, NUCCRICe o ideales de compatibilidad, y NUCCRPea o periódicas anuales.

Se calculan multiplicando cada censo referencial base (genéricamente BDRe y según fases: BDRAe o actual, BDRINe o ideal normal, BDRICe o ideal de compatibilidad, y BDRPea o periódicos anuales) por la tasa local utilizable correspondiente (genéricamente TLe y según fases: TLEAe o actual, TLEINe o normal, TLEICe o de compatibilidad, y TLPe o periódica). Por tanto, genéricamente:

$$NUCCRe = BDRe \; x \; TLe$$

La gran ventaja de las capturas referenciales base efectuadas sobre una especie *e* con una modalidad *m*; es decir con una unidad de ejecución, control y valoración *i* (NUCCRei) respecto a las capturas puramente físicas o piezas tangibles (NUCCFei), es que los NUCCRei son acumulables, primeramente por temporadas t y después por especie e:

$$NUCCRet = \sum_t NUCCReit$$

$$NUCCRe = \sum_e NUCCRt$$

Como sucede también con los censos, en el caso de las capturas de ordenación, para cada coto, fase y especie e, su NUCCRe es único e independiente del modelo de caza aplicado. En cambio, y como sucede también con los censos, las capturas referenciales secuenciales y las capturas físicas secuenciales, pueden ser más de una, y sí suelen depender del modelo de caza aplicado (variar con él); especialmente las físicas, como consecuencia de los diferentes factores censales de cada e en cada temporada t (FCet).

Capturas referenciales secuenciales

En cada coto, fase y especie cinegética e, las capturas referenciales secuenciales habidas o por haber durante una temporada t (genéricamente NUCCRet y según fases NUCCRAet o actuales, NUCCRINet o ideales normales, NUCCRICet o ideales de compatibilidad, y NUCCRPeat en la temporada t de una anualidad a), y como ya hemos avanzado, son la suma de las capturas referenciales efectuadas sobre e con cada i durante esa t.

$$NUCCRet = \sum_t NUCCReit$$

1º/*Acta de estado*. En el acta de estado el NUCCRAet son las físicas que en promedio interanual se han venido logrando sobre e con cada i de t (NUCCFAeit) divididas por su respectivo FCet, y acumulándose después todas las i de t.

$$NUCCFAeit / FCet = NUCCRAeit$$

$$NUCCRAet = \sum_t NUCCRAeti$$

2°/*Fases a futuro*. En las fases "a futuro" (espacio modelo ideal de normalidad, espacio modelo ideal de compatibilidad, y sucesivas anualidades *a* del próximo plan especial de caza) el reparto dentro de cada *e* se hace justo al revés: el modelo de caza proyectado deberá repartir primero el total de las capturas referenciales base calculadas para *e* (NUCCRe) entre sus temporadas de caza propias *t* (NUCCRet) y después, dentro de cada *t*, entre las diferentes *i* de esta (NUCCReit). Esto sí: los resultados algorítmicos determinarán si esta propuesta es correcta y viable o no; porque lo que parece tan sencillo en lo lineal, puede no serlo tanto en la compleja trama de interacciones que puedan existir en cada coto entre especies y modalidades.

El reparto final del NUCCRe entre sus diferentes *t* (NUCCRet) e *i* de estas (NUCCReit) expresará finalmente el impacto de cada *t* y cada *i* sobre el censo referencial de *e*. ¿Cabría evaluar este impacto de otra forma? ¿Podría hacerse en términos de piezas cobradas físicas? Evidentemente no.

Capturas físicas secuenciales

En cada coto y para cada especie cinegética *e*, en las fases "a futuro" (diseño del espacio modelo ideal y programación de los planes especiales), para cada *e*, *t* e *i*, establecer su número más probable de unidades cazadas físicas (NUCCFe, NUCCFet, NUCCFeit) exige convertir a ellas las referenciales anteriormente calculadas (NUCCRe, NUCCRet, NUCCReit), mediante la aplicación del correspondiente factor censal de *e* en cada temporada t (FCet).

En general, y aunque en la fase del acta de estado hemos visto que esta conversión se hace justo al revés, los cálculos deben realizarse, genéricamente, conforme a la siguiente fórmula:

$$NUCCFet = NUCCRet \times FCet$$

Según el modelo de reparto del NUCCRe entre las distintas t (NUCCRet) e i (NUCCReit), el NUCCFe podrá resultar distinto para cada t (NUCCFet) e i de esta (NUCCFeit) y consecuentemente para el total de e (NUCCFe); cuestiones estas que podrían sorprender a los habituados a pensar solamente en términos de capturas físicas, como si no existieran bajas intermedias, siendo el del conejo el ejemplo más claro en este sentido.

Debe tenerse en cuenta que, a diferencia de las capturas referenciales que no varían con el modelo de caza (aplicado o a aplicar) las físicas sí suelen depender de él a través de su FCet; aspecto este muy relevante a efectos de ejecución, control y valoración de las capturas en cada coto sobre cada especie e. Genéricamente:

$$NUCCFet = \sum_i NUCFeit$$

$$NUCCFe = \sum_t NUCCFet$$

Es importante reflexionar sobre el hecho de que toda jornada de caza ejecutada física, aplicada con cualquier modalidad sobre cualquier especie, afectará en igual proporción a su censo físico y a su censo referencial, con independencia del FCt de cada temporada.

De las capturas potenciales a las capturas programadas

Pese a todo lo anteriormente expuesto, las capturas potenciales, y pese a todas las aportaciones y diferenciaciones que hemos ido realizando hasta aquí (capturas referenciales base, capturas referenciales secuenciales, y capturas físicas secuenciales) no son las únicas capturas a considerar y cuantificar en el algoritmo local para el diseño y cálculo de sostenibilidad de las estructuras ambientales a manejar cinegéticamente en cada coto (FIGURA 9).

Por ejemplo, en el caso de las modalidades de caza mixtas, porque afectan simultáneamente a más de una *e*, no siempre puede proyectarse una presión de caza (PR) igual a uno para todas sus *e*; pues una forma de cazar puede resultar ideal para alguna de sus *e* y alta o baja para otra u otras de las que se capten con ella; dependiendo siempre de las tasas, cazabilidades, censos y procesos de convergencia propios de cada *e*.

En materia de caza estamos siempre en un universo muy complejo[62] en el que no caben tantas simplificaciones como todos desearíamos y muchos pretenden. La de la caza no es nunca una religión en la que creer o no creer (Caza sí, Caza no), sino una ciencia a saber o no saber: una ciencia extremadamente compleja, que no puede conocerse ni abordarse desde las perspectivas acomodaticias desde la que se viene abordando en nuestros días: desde paradigmas erróneos y comprobadamente fracasados en campo.

Tampoco hay por qué temer a esta complejidad, porque la informatización del algoritmo permite resolverla fácilmente, sin necesidad de conocer en profundidad su funcionamiento interno, sus porqués y sus cómo; algo que puede y quizás hasta debería dejarse en manos de los especialistas técnicos y científicos en esta materia.

---

[62] *¿El más complejo en el amplio universo de los recursos naturales renovables vivientes? No podríamos asegurarlo, pero mucho nos tememos que sí.*

El problema reside tan solo en la excesiva y ovina fidelidad a los paradigmas todavía vigentes en nuestros días: a la resistencia frente al progreso.

Cuando son varias las modalidades que se aplican a una *e*, en sus fases "a futuro" a veces puede lograrse ese "uno" ideal actuando sobre alguna de ellas más selectiva (cuando exista); pero separar una modalidad mixta en modalidades más selectivas, diferenciadas entre sí por sus *e*, no siempre es técnicamente factible, por razones prácticas de aplicación, control y economía del manejo.

Lo mismo sucederá cuando no se haya programado (acta de estado) o sea imposible programar una presión igual a uno, por razones de aceptabilidad social u otras, acabando por existir, transitoria o inevitablemente, una presión inadecuada, ya sea por excesiva o por escasa; aunque nunca deberían admitirse "sin más" presiones demasiado desviadas de uno, porque el manejo, a plazo más o menos largo, acabaría siendo en la práctica banal y no ordenado (Montoya 2022b).

Tarde o temprano los procesos de perturbación acabarán imponiendo las inmutables leyes de la Naturaleza (CAPÍTULO 1. FIGURA 3); aunque esto sí: al margen de los intereses humanos de la sostenibilidad y el desarrollo sostenible; al margen de la conciliación entre la Naturaleza y el Hombre. Siempre ha sido mejor prevenir que curar.

Cuando, por estas u otras razones, no pueda lograrse el valor uno para la presión a programar sobre una *e*, las capturas referenciales base a dicha presión real (las capturas programadas), no coincidirán con las posibles a presión uno (las capturas potenciales). FIGURA 9.

Capturas programadas ≠ Capturas programadas

La fórmula genérica a aplicar para el cálculo, aunque todavía discrecional y siempre a la espera de mejores propuestas científicas, creemos que, genéricamente, debe ser:

$$NUCCRe_{programado} = NUCCRe_{potencial} \; x \; PRe^{1/2} = BDR \; x \; TL \; x \; PR^{1/2}$$

En cada coto y para e, este NUCCRe$_{programado}$ deberá repartirse después entre sus temporadas NUCCRet y modalidades NUCCReit y, mediante sus FCet, se acabarán calculando finalmente los distintos NUCCFe, NUCCFet y NUCCFeit resultantes.

Estos diferentes números de piezas cazadas físicas (genéricamente NUCCF) y sus consecuentes números de piezas cazadas equivalentes (genéricamente NUCCQ) serán fundamentales en los posteriores cálculos económicos del manejo (Montoya 2020a. Montoya 2020c).

Consideraciones finales

El modelo de caza aplicado a un coto abarca, simultáneamente, la presión de caza (cuánto), las jornadas de cazador y sus condiciones (cómo) y temporadas (cuándo).

El algoritmo propio de cada coto debe responder a una serie de cuestiones correlacionadas entre sí: el qué, el porqué, el para qué, el cuándo, el cómo, y el cuánto de las cosas que ya venimos haciendo o que haremos "a futuro": qué (especies cinegéticas), porqué (sostenibilidad y desarrollo sostenible), para qué (convergencia), cuándo (temporadas), cómo (modalidades) y cuánto (cosas ciertas).

Desde luego, el modelo general que aquí proponemos no pretende obtener un raquítico, impreciso y acomodaticio TAC, de aplicación, supervisión, control y seguimiento (en suma: gestión) muy cuestionables.

La urgencia del progresar en este sentido la está señalando con absoluta claridad la situación de la caza en el campo, tanto en España como en otros países. Si algo no funciona, debería cambiarse ¿O no? Es tan fácil como desarrollar e informatizar adecuadamente los cálculos que aquí estamos desarrollando. En todo caso: urgen tanto el progreso como el abandono de la comodidad.

<u>**9. CENSOS DE GESTIÓN**</u>

La ordenación y la gestión

Son gestores de la ordenación de un coto cuantos en una anualidad *a* de su periodo de ordenación, intervienen en alguno de los estadios de su gestión (aplicación, supervisión, control y seguimiento de la ordenación); destacando en cada anualidad *a*, por su relevancia, el responsable del estadio de aplicación o "puesta en obra" de la ordenación (FIGURA 1). Sus principales funciones son:

1ª/*Plan anual.* Proyectar el plan anual de la anualidad *a* que gestionará; adaptando las actuaciones proyectadas en la ordenación (previstas) a las realidades cinegéticas de *a* (constatadas).

2ª/*Puesta en obra.* Dirigir y coordinar la ejecución de las actuaciones durante la anualidad *a*: los usos, cacerías y demás intervenciones y obras de finalidad total o parcialmente cinegética (balsas, aguaderos, comederos, saladeros, torretas, viviendas de guardería, cercados, siembras, caminos, cortaderos de caza, refugios…).

3ª/*Incidencias y azares.* Actuar en obra frente a las posibles incidencias y azares que pudieran aparecer durante la anualidad *a* que gestiona que, incluso, podrían obligarle a modificar lo previsto "en principio" en su propio plan anual de *a*.

4ª/*Indicadores de alerta.* Aplicar al medio natural y a las especies cinegéticas manejadas durante *a*, los indicadores de alerta establecidos en la ordenación, o en el plan anual, como medida complementaria de precaución ante los usos y cacerías. (CAPÍTULO 12).

Censos de gestión

El proyecto de ordenación del coto a gestionar, para cada especie *e* y anualidad *a*, habrá previsto en su fase de programación del plan especial de caza unos censos referenciales periódicos (BDRPea); pero, después, en la práctica de campo, los censos reales en la anualidad gestionada *a* pueden ser distintos de los previstos; por las frecuentes incidencias y azares inter e intraanuales, (típicos sobre todo de las estrategas *r* y de las migratorias y erráticas), o porque durante las anualidades precedentes haya habido desviaciones de ejecución respecto a lo previsto en la ordenación, o por otras causas cualesquiera (genéricamente año "bueno" o año "malo" para cada *e* durante *a*).

Cuando la desviación entre los censos previstos por la ordenación y los censos reales constatados en la anualidad gestionada *a* sea significativa, el gestor deberá establecer los pertinentes censos de gestión para la anualidad *a*; pero tal vez no todas las especies *e* precisarán estos nuevos censos, e incluso para las migratorias y erráticas ni siquiera será útil hacerlos, porque, una vez hechos, podrían volver a variar de nuevo dentro del año. A veces, la entidad de las desviaciones, las oportunidades técnicas de ejecución, y los costes de un nuevo censado, no justificarán modificar las previsiones de la ordenación, pero otras veces sí.

Los sanos criterios de gestión ambiental global (sociales, ecológicos y económicos) deberán decidir en cada caso; por lo que es recomendable que el gestor tenga una formación adecuada en el noble "oficio" de la caza (saber de caza) y una experiencia personal práctica bastante en la materia (saber cazar) [63]. No hace falta que el gestor sea un profesional de la caza de alto nivel, e incluso podría ser un inconveniente, si resultara culturalmente remoto

---

[63] *Recordemos: "Saber cazar no es saber de caza, pero no se puede saber de caza sin saber cazar".*

respecto al coto o caro respecto a su economía; pero sí es cierto que no todo el mundo vale para este noble "oficio", y que existen buenos y malos gestores cinegéticos, como existen buenos y malos cazadores, y existen buenos y malos en todos los oficios y profesiones.

Cuando el gestor en la anualidad *a* que gestiona deba actualizar el censo de alguna especie *e*, e incluso rehacer en lógica consecuencia los cálculos estructurales del proyecto de ordenación del coto, cabría preguntarse: ¿Para qué le habrá servido entonces la ordenación? ¿No bastaría con sustituirla por una sucesión de censos y planes anuales? La pregunta es pertinente, incluso la hemos escuchado muchas veces; pero, como mínimo, la ordenación le habrá servido:

1º/*Modalidades*. Para disponer para cada modalidad *m* del número inicial de cazadores equivalentes autorizados a aplicarla (NAQm) y del número de unidades temporales hábiles para hacerlo (NUTHm) y, por tanto, de su número de jornadas de cazador habilitadas físicas (NUEHFm): el marco sociológico inicial de la ordenación (Montoya 2022a). Genéricamente:

$$NUEHFm = NAQm \times NUTHm$$

2º/*Cálculos*. Para disponer de los coeficientes de cálculo básicos, y de las fórmulas a aplicar (lo técnico) y a ensayar (lo científico). FIGURA 2.

3º/*Censos*. Para disponer de los censos de ordenación de aquellas especies para las que no procedan los censos de gestión (migratorias y erráticas) o para aquellas cuyas desviaciones censales no sean significativas en la anualidad gestionada, o para aquellas cuya corrección censal resulte demasiado cara para la economía real del coto: para su endogenismo, rentabilidad, viabilidad ambiental global y financiación.

4º/*Convergencia*. Para poder rediseñar, en su caso, los procesos de convergencia hacia los censos ideales pretendidos por la ordenación (CAPÍTULO 4).

5º/*Presupuestos*. Para, con los datos económicos de la ordenación, reevaluar el valor neto total gestionado aportado durante la anualidad *a* por las diferentes especies manejadas (directa o indirectamente), y proyectar técnicamente, en lógica consecuencia, el diseño presupuestario (en su cuantía total y en su distribución por capítulos, subcapítulos y partidas) que resulte más aconsejable para la racionalidad económica de su plan anual; en otras palabras: para el endogenismo del manejo sostenible del coto (Montoya 2022b).

Finalmente, cabe afirmar que el proyecto de ordenación resulta imprescindible para sus gestores, siempre y en todos los casos.

En algunas ocasiones, es innegable que durante el plazo de establecimiento y redacción de una ordenación (o de alguna de sus su revisiones posteriores), es aconsejable establecer un sencillo plan anual provisional (diríamos una breve "denuncia de ordenación" o "proceso verbal de ordenación"), para evitar errores y abusos durante dicho plazo, que pudieran perjudicar o condicionar la futura ordenación; por ejemplo: los típicos "esquilmes" del último año de un arrendamiento cinegético[64].

Censos físicos instantáneos

---

[64] *Los hay "buitres", abantos que arrasan por su desmedido afán de lucro, y los hay "ratas" que tratan de abaratar así el siguiente periodo de arrendamiento. Los riesgos se hacen desmedidos cuando los arrendamientos son anuales, o cuando afectan solo a algunas partes (o "partidas") de un coto. ¿Cómo manejar así de forma sostenible un coto? Es casi imposible. Es obvia la necesidad de rectificar la normativa vigente.*

Cuando en alguna anualidad *a* proceda establecer los censos de gestión para alguna especie *e*, es usual establecer los censos físicos instantáneos presentes mediante alguna de las metodologías tradicionales (Tellerías 1986); pero estos censos, como ya hemos avanzado (CAPÍTULO 7) suelen ser caros, y en muchas ocasiones resultan poco viables e incluso escasamente fiables. Al final, muchas veces apenas si pueden llegar a establecerse algunos sencillos índices de abundancia más o menos referenciados[65].

Por tanto, a efectos de la gestión anual del manejo cinegético, que es lo que ahora nos ocupa, es preciso proponer soluciones censales alternativas a las metodologías tradicionales que sean a la vez: baratas, fáciles de aplicar, y viables ambientalmente (en lo social, en lo ecológico y en lo económico).

Censos por rendimiento de la jornada de cazador ejecutada física

Si para la ordenación cinegética (CAPÍTULO 7) hemos propuesto la metodología censal de *deriva de resultados de caza* (basada preferentemente en datos promedio interanuales), para su gestión propondremos la metodología censal de *rendimiento de la jornada de cazador ejecutada física*; basada en el rendimiento habido en un "instante" *n*, sobre una especie *e*, con una modalidad *m*, y por tanto con una unidad de ejecución, control y valoración *i* (RNUCCFein[66]), medido en número de piezas cazadas físicas

---

[65] *Es decir: hay más o hay menos ejemplares censables (unidades cazables) respecto a otras circunstancias con valor comparativo: el coto de al lado, el año pasado....*

[66] *Puesto que i (e + m) contiene ya a e, parecería superfluo o repetitivo el escribir ei; pero como una modalidad puede afectar simultáneamente a más de una e, resulta pertinente el hacerlo. Pensemos en que, por ejemplo, cazando en mano, pueden cazarse (y por tanto muestrearse) varias especies a la vez y el control de i podría referirse a perdiz en mano, liebre en mano...*

(NUCCFein) logradas por jornada de cazador ejecutada física (NUEEFein). Genéricamente:

$$RNUCCFein = NUCCFein / NUEEFein$$

Si, en un coto, tras una jornada de caza (el "instante" n), los 16 cazadores en mano y salto que han cazado en ese día hábil han conseguido un total de 32 perdices. Resulta:

$$NUCCFein = 32; NUEEFein = 16; RNUCCFein = 32 / 16 = 2$$

En el día a día de la caza los cazadores practican de forma más o menos consciente esta metodología en todos los cotos, desde tiempos inmemoriales y a cada vez que cazan; pues saben bien y comentan entre ellos, por sus propios resultados de caza, si hay más o menos censo de e que en otros cotos o que en otras anualidades o que en otras fechas de la anualidad. Por tanto, "nada nuevo bajo el sol": los conocimientos que algunos llaman "legos" (los que poseen los que a veces los "doctos" llaman "lugareños") siguen siendo precedentes muy relevantes. Consecuentemente, aquí, metodológicamente hablando, apenas si aportaremos algo más que ligar los resultados cuantitativos observados en el campo por los cazadores con el algoritmo local que venimos desarrollando.

Esta metodología censal por rendimiento de la jornada de cazador ejecutada física que proponemos, parte del hecho de que el rendimiento en número de piezas cazadas físicas de cada especie e, con una modalidad m, y por tanto con unidad de ejecución, control y valoración i en un instante n (RNUCCFein) es proporcional a la densidad censal de e, por cada 100 hectáreas cazadas del coto, presente en un instante n (Den). En esta metodología se acepta que en cada n se caza más cuando hay más y se caza menos cuando hay menos; algo que aceptaría cualquier cazador o al menos la mayoría de ellos.

Para poder ejecutar los cálculos asociados, es preciso proponer el coeficiente de cazabilidad que, para cada *e*, en cada *n* de *a*, con cada modalidad *m* y por tanto con cada *i* (CPein), liga el RNUCCFein habido con la densidad instantánea de *e* presente en el instante *n* (Den) por cada 100 hectáreas del espacio neto cazado (ENCein) (CAPÍTULO 5); del que se deducirá el censo físico instantáneo en *n* de *e* (BDFen):

$$Den = RNUCCFein / CPein$$

$$Censo\ físico\ instantáneo = BDFen = Den\ x$$
$$ENCein/100$$

Por tanto, para calcular los censos físicos instantáneos de gestión, de una *e* en una *a*, es preciso disponer de sus múltiples cazabilidades instantáneas (CPein). En principio, suelen usarse las establecidas en la ordenación; aunque, por razones de reactividad, a veces, este dato deberá recalcularse en el plan anual; por ejemplo, cuando las cazabilidades instantáneas resulten significativamente alteradas por las modificaciones en el modelo de caza de la anualidad *a* respecto al previsto en la ordenación; ya sea por modificación en dicho plan anual de los pliegos de condiciones, o del número de jornadas de cazador a aplicar. También, cuando por estos u otros ajustes puedan aparecer variaciones, etológicas o fenológicas, de *e* o de su entorno natural y agrario, que afecten a sus (CPein).

Esta metodología censal resulta finalmente imbatible en la gestión de cada coto y anualidad, porque reúne las cualidades de ser a la vez:

1º/*Científico*, porque está sujeto a un protocolo de muestreo riguroso, claro, preestablecido y, sobre todo, consecuente con la ordenación y con el algoritmo local propio de cada coto.

2º/*Práctico*, porque su toma de datos se realiza bajo las normas locales propias de cada jornada de cazador ejecutada física (UEEFein), en sus fechas, modalidad, condiciones técnicas, etc., y porque su aplicación práctica, hecha en condiciones absolutamente reales, responde a la metodología más adecuada para muestrear las poblaciones afectadas; pues se censa sin artificio censal alguno: tal y como se caza y mediante quienes cazan, cazando como en la práctica cazan los cazadores de cada coto en él (por algo será…). El conejo como se caza el conejo en el coto, la liebre como se caza la liebre, el jabalí…

3º/*Real*, porque los datos de captura obtenidos se correlacionan estrechamente con el censo presente en el instante mismo de su ejecución; aunque en determinados casos ese "instante", por razones de la significación estadística del muestreo, pueda ser no tanto un "instante" (por ejemplo un día) sino, incluso, el promedio de algunos días.

4º/*Tangible*, porque estará probado por hechos físicos tangibles y por tanto controlables: las piezas físicas cobradas por jornada de cazador ejecutada física (RNUCCFein).

5º/*Barato, y en consecuencia viable*, porque el muestreo se asocia a jornadas de cazador y a capturas que casi siempre se hubieran hecho igualmente; al margen de sus posibles aplicaciones censales. Es poco frecuente gestionar cotos que no estén previamente sometidos a alguna forma de manejo y caza; por lo que en la realidad el "muestreo censal" casi siempre "preexiste" y, como ya hemos dicho anteriormente, se está haciendo de hecho por los cazadores de cada coto durante cada día de caza.

6º/*Intenso*, porque suelen ser muchas las repeticiones de muestreo efectuadas (muchas las jornadas de cazador ejecutadas físicas) y, por tanto, resulta muy elevado el valor estadístico del muestreo; sobre todo respecto a la intensidad usual del muestreo de los censos físicos instantáneos tradicionales: una ventaja sencillamente aplastante.

7º/*Repetitivo*, porque pueden hacerse múltiples censos instantáneos a lo largo del periodo de caza y, por tanto, pueden y suelen ser múltiples las fechas o "instantes" de censado; pudiéndose seguir así la evolución de los censos durante todo el periodo de caza. Respecto al primer día... ¿Cuánto estamos cazando ahora?

8º/*Demostrable*, porque puede probarse su ejecución real, la realidad del NUEEFein y del NUCCFein; algo que no suele ser así en las metodologías censales tradicionales, en las que no siempre los cazadores ven al que censó...

9º/*Fiable*, porque siempre existen testigos de su ejecución, como mínimo los gestores y los mismos cazadores que cazan (y que a la vez realizan el muestreo implícito en su actividad natural).

10º/*Comprobable*, porque cuantos repitan el muestreo bajo igual algoritmo local, obtendrán cifras similares y ratificarán la toma de datos efectuada y los resultados censales obtenidos; evitándose así los habituales cuestionamientos y debates post-censales, típicos con otras metodologías.

11º/*Aceptado*, porque los cazadores que cazan y participan en el muestreo, y sus mandos naturales (titulares, gestores, técnicos, presidentes de clubes, representantes...), no cuestionarán los datos de partida (porque son los suyos) y normalmente se considerarán corresponsables del censo e implicados en la gestión que posteriormente se derive de él; aspecto este absolutamente fundamental en la posterior realidad de campo.

12º/*Preciso*, porque, aunque los coeficientes de cazabilidad utilizados (CPein) puedan ser fuente de errores, estos suelen ser menores que los rangos de error propios de los coeficientes usados en las metodologías tradicionales y, además, porque su control y continua y progresiva mejora están previstos en el modelo de investigación heurística implícito al protocolo de manejo (estadios de control y seguimiento). En esto, como en la misma caza, no pasa nada por no acertar al primer tiro, es más, tratar de asegurarlo demasiado, suele conducir al fallo (tiros traseros), mientras que tirando con decisión y sin pamplinas se logran los mejores resultados (como mínimo no llegar tarde); por tanto, no vacilar y buscar soluciones eficaces: huir de la Falacia del Nirvana.

Tipos de censos de gestión

En cada coto y para cada especie e^{67} los censos de gestión guardan un claro paralelismo, conceptual y terminológico, con los censos de ordenación (poca lógica tendría el que no fuera así), existiendo también en estos los censos de gestión referenciales (base y secuenciales) y los censos físicos (solo secuenciales). A estos se añadirán ahora, como diferencia fundamental entre la teorética de los censos de ordenación y a la de los censos de gestión, los censos físicos instantáneos obtenidos por rendimiento de la jornada de cazador ejecutada física; los censos físicos de los que venimos hablando en este capítulo: diríamos que los más próximos a los censos físicos instantáneos tradicionales (CAPÍTULO 7. Tellerías 1986).

Cuando sean factibles, fiables y útiles los censos físicos instantáneos tradicionales, se diría que su resultado debería

---

[67] *Obsérvese que en este caso no nos referimos ya a las fases; porque todo lo referente a la gestión está incluido en una única fase: la de programación de su plan anual de caza.*

analizarse y recalcularse de forma paralela a los demás tipos de censos; para, desde el censo físico obtenido, deducir algorítmicamente los censos referenciales (base y secuenciales) y los consecuentes censos físicos secuenciales. Se diría que haciéndolo "marcha atrás", pero esto solo sería cierto si se cumplieran las condiciones exigibles a los censos referenciales en lo que concierne a su fecha de ejecución (referencial) y ausencia de capturas previas (algo muy poco esperable).

En todo caso, debe recordarse y tenerse muy presente que censar para la gestión cinegética no es lo mismo que censar para otras posibles aplicaciones de los censos; por ejemplo, para otros tipos de investigaciones zoológicas de carácter científico. También que no se pueden censar igual las especies sometidas a caza que las no cazadas; de aquí el riesgo de las moratorias y la dificultad de salir de ellas. Siempre será mejor reordenar la caza y los objetivos a lograr con ella que establecer moratorias precipitadas y de eficacia como mínimo cuestionable, al no estar ligadas a ningún modelo general de sostenibilidad (protocolo global y algoritmo local).

Censo referencial base

Para cada e, su censo referencial base de gestión en una anualidad a (BDRGea) es el fundamento censal de su plan anual; referido siempre a la fecha o temporada referencial de e y, por supuesto, en hipótesis de ausencia de capturas controladas previas. Desaparece ahora la condición de *ausencia de azares y desviaciones* que es propia de los censos referenciales base de ordenación; porque lo que pretende el BDRGea es precisamente la absorción de los azares y desviaciones propios de la anualidad a: adecuar la ordenación prevista a la realidad constatada.

El BDRGea pierde buena parte de su sentido ante especies migratorias y erráticas, para las que es aconsejable usar el BDRPea de ordenación como mejor censo de gestión; pues sus variaciones censales (inter e intraanuales) se deben en todos los casos a azares ajenos al manejo local; aunque algunas migratorias *criollas* (especies migratorias nacidas en un lugar, mientras permanezcan en él) y filopátricas (que tienden a regresar a criar al mismo lugar del año anterior o al lugar donde nacieron, mientras las condiciones ambientales del entorno no varíen significativamente entre anualidades) pueden exceptuarse de esta norma, al menos mientras se les esté cazando en su mismo lugar de cría.

Dentro del algoritmo local, el BDRGea es el dato sobre el que se aplicará la tasa local de gestión de *e* propia de la anualidad gestionada *a* (TLGea), para establecer así el número de unidades cazadas referenciales base de gestión en esa *a*:

$$NUCCRGea = BDRGea \; x \; TLGea$$

Durante la anualidad gestionada *a*, e idealmente al principio de la primera temporada *t* de caza de cada especie *e*, su BDRGea estará completo; pues ninguna caza regular se habrá realizado aún. La ordenación habrá aportado el dato de la cazabilidad, al principio *p* de esa primera temporada *t*, con *m* sobre *e* y por tanto mediante cada *i* (CPeipt), y el factor censal correspondiente (FCet).

El BDRGeipt se calcula como para cualquier otro instante *n* (porque, después de todo, *p* es un instante *n* como cualquier otro). Para ello deben desarrollarse los siguientes pasos:

1º/*Rendimiento*.

$$RNUCCFeipt = NUCCFeipt \; / \; NUEEFeipt$$

$$RNUCCReipt = RNUCCFeipt \; / \; FCet$$

2º/*Densidad*. La cazabilidad CPeipt y el RNUCCReipt, determinarán la densidad referencial de *e* al principio de la temporada *t* (DRept).

$$DRept = RNUCCReipt / CPeipt$$

3°/*Censo referencial base de e.* Bastará con multiplicar esta DRept obtenida, por el número de unidades de superficie referencial (100 hectáreas) que abarca el espacio neto en el que con la modalidad *m* se haya cazado la especie *e* en el coto (ENCeipt), para determinar el BDRGea total presente en el ENCeipt.

$$BDRGea = DRept \times ENCeipt / 100$$

Censos referenciales secuenciales

En la anualidad *a* gestionada, para cada *e* su BDRGea será la base sobre la que calcular los censos referenciales secuenciales de sus sucesivas temporadas de caza *t* (BDRGeat); siempre según el modelo de caza finalmente proyectado por el gestor para su plan anual, a la vista de las realidades censales de la anualidad que gestiona: buena o mala anualidad para *e*; es decir a la vista de su BDRGea constatado al comenzar la caza de *e*.

El BDRGeat que va quedando para cada temporada *t* de *a* es el censo referencial base inicial (BDRGea), menos las capturas referenciales efectuadas durante las temporadas que hayan ido precediendo a *t* que son; para cada una de estas:

$$NUCCReit = NUCCFeit / FCet$$

Censos físicos secuenciales

Para cada especie *e*, en la anualidad gestionada *a*, y en cada una de sus temporadas *t*, el censo físico secuencial de gestión (BDFGeat) es su BDRGeat, multiplicado por su FCet que, a veces, también deberá ajustarse para la *a* concernida.

$$BDFGeat = BDRGeat \times FCet$$

Censos físicos instantáneos

Para establecer el censo físico instantáneo de *e* realmente presente durante la anualidad *a* en cualquier instante *n*, podrían usarse algunas de las metodologías tradicionales; aunque censar por rendimiento de la jornada de cazador ejecutada física (RNUCCFein) suele ser la alternativa más eficaz y económica.

La cazabilidad de una especie *e* con una modalidad *m* y por tanto con una unidad de ejecución, control y valoración *i* en cualquier instante *n* de una temporada *t* (CPeint) y el rendimiento físico (tangible) obtenido entonces (RNUCCFeint) determinan la densidad física (DFeitn) presente por cada 100 hectáreas del espacio neto cazado (ENCeint), resultando finalmente:

$$DFeint = RNUCCFeint / CPeint$$

$$BDFGeant = DFeint \ x \ ENCeint / 100$$

Mediante estos sencillos cálculos, el gestor podrá establecer uno o varios censos físicos de gestión para los instantes *n* que a cada vez le interesen, lo que apenas le habrán costado algo más que el controlar las *i* y el "echar unas cuentas"; porque todo esto está basado en cosas que los cazadores ya vienen haciendo, y en cosas que, además, se podrán repetir en cualquier instante o fecha, a criterio y conveniencia del gestor o de sus responsables, supervisores o cazadores.

A veces, el gestor debe programar las fechas de caza, los "instantes" *n* más recomendables para cazar; lo que le obliga, para cada *e*, y en la anualidad que gestiona *a*, y en cada *t* y *n*, a calcular su censo físico instantáneo (BDFGeant) sobre el que basar las capturas previsibles. Por ejemplo: una primera tirada de torcaz en la media veda (palomas "sedentarias" criollas) podrá guiar sobre si una segunda es posible o no, y esta guiará a su vez sobre si una tercera podría ser "de pago" (para añadir recursos al manejo del coto) o si será mejor hacerla por invitación o entre los propios socios del coto. La torcaz por el camino habrá podido irse, embandarse, o haber sufrido bajas físicas (y referenciales) más o menos significativas. En todo caso, una "pensadita" a cada vez basada en unas breves cuentas, no será una pérdida de tiempo.

Para cada *e*, los censos físicos instantáneos presentes en cualquier instante *n* de una temporada *t* de *a* (BDFGeant), servirán para programar la ejecución de las capturas en las fechas más oportunas, estableciendo el rendimiento esperable en número de piezas cazadas físicas por jornada de cazador ejecutada (RNUCCFeint).

Los censos físicos instantáneos así establecidos permiten optimizar las fechas de ejecución de las capturas a partir de los datos del rendimiento previsible; aunque, excepto cuando sea preciso seguir la evolución física de los censos a través de los indicadores de alerta (CAPÍTULO 12), realmente no suele ser imprescindible calcularlos con detalle, pues bastará con usar directamente el RNUCCFeint obtenido.

Otras veces podrán establecerse meros índices de abundancia relativa por métodos tradicionales, correlacionándolos y ajustándolos "a posteriori" por deriva de resultados de caza; especialmente cuando la ejecución de las capturas pueda llegar a afectar significativamente al censo presente, o pueda ahuyentar o recelar a las *e* concernidas u otras; como suele suceder especialmente con las siempre muy esquivas especies migratorias. En estos casos, tanto los censos físicos instantáneos como los índices de abundancia tradicionales recuperarán buena parte de su protagonismo (CAPÍTULO 7).

Particular relevancia tienen para la gestión de una anualidad *a* los censos físicos instantáneos *finales*, que son los que una *e* presenta al final *f* de cada una de sus temporadas *t* en la anualidad *a* (BDFGeaft). De entre todos ellos destaca por su relevancia el censo físico instantáneo *residual r* (BDFGeart): el censo físico presente al final de la última temporada de caza; porque es el que finalmente quedará tras todas las cacerías anuales: el que generará el crecimiento poblacional futuro de *e*. Después de todo la caza no es un maná caído del cielo, sino el fruto natural de un manejo racional. Simple de entender: si no hay madre, no hay cría.

Para cada *e, a, t,* y *n*, el BDFGeant va variando por el impacto de las capturas previas efectuadas o por otras causas. En las sedentarias (y migratorias criollas[68]) los censos suelen bajar entre el principio y el final de su periodo de caza. Cuando este abarca todo el año, los censos suelen repuntar en determinadas temporadas, lo que obliga a establecer una fecha referencial de inicio y fin de la anualidad. La fecha referencial de mínima población anual inventariable suele ser la más recomendable.

En los casos de las migratorias (serranillas en paso que no criollas) y de las erráticas, los censos pueden variar en cualquier sentido e instante dentro del periodo hábil. El instante de mayor presencia puede no coincidir ni con el inicio, ni con el final del periodo de caza (de aquí la indeterminación de su fecha referencial). A veces puede haber más de una punta estacional en una anualidad, por "pasa y contrapasa" (pasa de entrada o desde los lugares de cría hacia sus cebaderos, y contrapasa hacia sus lugares de cría) o por otras causas.

Consideraciones finales

Como progresivamente hemos ido viendo hasta aquí, los censos físicos instantáneos tradicionales no pueden aplicarse, sin más, ni

---

[68] *Un ejemplo muy claro es el de la codorniz en muchos de sus cotos en los que su última puesta termina la cría al abrirse la temporada de media veda (si se abre bien…).*

a la ordenación ni a la gestión cinegética. ¿Cómo seguir encastillados en estas acomodaticias, obsoletas y erróneas rutinas de censado, si la caza (y precisamente porque se caza) puede censarse de forma mucho más fácil, segura, precisa y económica? La urgencia de la modificación del paradigma cinegético de nuestros días se vuelve a hacer evidente.

10. CAPTURAS DE GESTIÓN

Capturas potenciales

Tasa local de gestión anual

Para cada especie cinegética *e*, cuando en la anualidad gestionada *a* su censo referencial base de gestión constatado en el campo (BDRGea) sea significativamente distinto del censo referencial base periódico previsto por la ordenación para dicha anualidad (BDRPea), deberán recalcularse sus capturas referenciales potenciales sobre *e* durante *a* (NUCCRGea). Para ello, deberá recalcularse primeramente la tasa local de gestión propia de la anualidad *a* (TLGea), porque puede resultar distinta de la tasa local periódica (TLPe) prevista para *e* por la ordenación. Resultará:

$$NUCCRGea = BDRGea \times TLGea$$

Para establecer la TLGea será preciso revisar, y en su caso reestablecer, los siguientes datos previos procedentes de la ordenación (CAPÍTULO 4):

1º/*El coeficiente de estado-cuantía (KTEea)*. Cociente entre el BDRGea constatado en la anualidad gestionada *a* y el censo referencial base ideal normal establecido por la ordenación (BDRINe). El BDRINe, porque es biológico, es siempre fijo e igual al mismo dato de la ordenación; al menos mientras que no varíe la calidad estacional del coto.

2º/*El coeficiente de estado-distribución (KTZea)*. En ocasiones y en especial con la caza mayor, será preciso modificar también el coeficiente de estado-distribución (KTZea).

3º/*La variación de gestión (VGea)*. La VGea será ahora la variación precisa para converger desde el BDRGea constatado hasta el BDRINe o el BDRICe propuestos como objetivos poblacionales por la ordenación.

Para cada *e*, adecuar sus cálculos estructurales a la realidad censal de la anualidad *a* gestionada, manteniendo la fecha concreta de convergencia prevista por la ordenación, podría conducir a variaciones bruscas en el manejo: a unas VGea demasiado elevadas o, por el contrario, demasiado reducidas; especialmente en el caso de las especies más estrategas de la r. Diversos aspectos ambientales globales (sociales, culturales, técnicos, ecológicos y económicos) podrían resultar afectados por estos "erratismos de gestión" que son siempre uno de los mayores peligros en el manejo racional de cualquier coto.

En la práctica de campo, una cierta estabilidad en la gestión interanual es poco menos que imprescindible para su viabilidad ambiental global. En esos casos, la alternativa más sensata es suavizar el proceso de convergencia, reduciendo sus posibles "dientes de sierra" de manera que, a partir del BDRGea constatado, se converja igualmente hacia el BDRIe (normal o de compatibilidad según casos); pero no ya en la fecha concreta programada inicialmente por la ordenación, sino a lo largo de todo el plazo de convergencia previsto en ella (PCe). Aparentemente, se pospondría así a cada vez la convergencia hacia el BDRINe o hacia el BDRICe; pero, en el promedio interanual de los sucesivamente mayores o menores BDRGea, la convergencia así "estabilizada" (suavizada en sus dientes de sierra), continuaría de forma imparable hacia el estado ideal pretendido.

Estadísticamente, la convergencia programada para una *e* no tendría por qué resultar perjudicada en su fecha final de culminación prevista por la ordenación; pues la sucesión de anualidades buenas y malas para cada *e* daría como resultado más probable una media similar a la prevista. Por tanto, en evitación de los posibles erratismos de gestión, debe mantenerse la duración del plazo de convergencia previsto por la ordenación (PCe); pero no la fecha final prevista, que quedará sencillamente "a resultas", en la esperanza probable de que finalmente la convergencia se produzca en el entorno de la fecha prevista.

Como en el caso de la VOe, la VGea se calcula:

$$VGea = (BDRIe\ /\ BDRGea)^{1/PC} - 1.$$

En paralelo con el caso de la variación de ordenación, la variación de gestión es la que establece la variación de las capturas potenciales respecto a la posibilidad neta final (FIGURA 9).

Con la posible variación de los datos de KTEea, KTZea y VGea, la TLGea se calcula, lógicamente, de forma paralela a la tasa local de ordenación (CAPÍTULO 4), manteniéndose el resto de los datos (KTB x KTC x KTP x KTF x KTA) iguales a los de la ordenación:

$$TLGea = KTB\ x\ KTC\ x\ KTP\ x\ KTF\ x\ KTA\ x\ KTEea$$
$$x\ KTZea - VGea$$

Cálculo de las capturas potenciales

¿Cuántas capturas potenciales podrían hacerse sobre cada *e* durante la *a* gestionada? Este cálculo es obligado, como es también obligado el recordar (FIGURA 9) que no siempre será el dato de las capturas programadas ni, mucho menos aún, el de las capturas reales totales que finalmente se realicen. Es curioso: conforme más nos acercamos a la realidad objetiva del campo a las capturas reales, más nos alejamos de los paradigmas cinegéticos, técnicos, científicos y administrativos vigentes en nuestros días.

En paralelo con el caso de las capturas de ordenación, en el caso de las capturas potenciales de gestión debemos diferenciar entre:

1º/*Capturas referenciales base*. Para cada *e*, sus capturas potenciales, establecidas en número de piezas referenciales base de gestión durante la anualidad gestionada *a* (NUCCRGea), es el producto de su censo referencial base de gestión constatado en *a* (BDRGea), por su tasa local de gestión anual recalculada para *a* (TLGea):

$$NUCCRGea = BDRGea \times TLGea$$

2º/*Capturas referenciales secuenciales*. Como en el caso de la ordenación, para cada *e*, sus capturas potenciales, cuantificadas en número de piezas referenciales secuenciales de gestión en cada *t* de *a* (NUCCRGeat), se establecen según el modelo temporal de caza previsto para *e* durante *a*.

Una vez asignado para cada *t* su NUCCRGeat, cuando durante una *t* se apliquen sobre una *e* varias modalidades *m*, deberá repartirse este NUCCRGeat entre los diferentes tipos de unidades de ejecución, control y valoración *i* resultantes (NUCCRGeiat).

3º/*Capturas físicas secuenciales*. Para cada *e*, sus capturas físicas secuenciales durante la anualidad *a*, cuantificadas en número de piezas físicas de gestión en cada temporada *t* con cada modalidad *m*, y por tanto con cada *i*, (NUCCFGeiat), es el producto de su (NUCCRGeiat) por el factor censal de e en cada *t* de *a* (FCeat); siendo usualmente este FCeat igual al FCet de la ordenación. Finalmente:

$$NUCCFGeiat = NUCCRGeiat \times FCeat$$

Capturas programadas

Las capturas a realizar durante un plan anual, por muy bien fundamentadas y calculadas que estén, no siempre pueden programarse con una presión de caza igual a uno: *la única que conduciría a que las capturas potenciales fueran iguales a las capturas programadas*. Por esta razón resulta muchas veces que (FIGURA 9):

Capturas potenciales ≠ Capturas programadas

Dos pueden y suelen ser las causas:

1º/*Modalidades mixtas*. Cuando una modalidad *m* afecta a más de una especie *e* (es decir: cuando la modalidad es mixta), suele ser inevitable que el número de jornadas de caza ejecutadas con esa modalidad *m* en las condiciones técnicas establecidas para ella (NUEEFm) resulte excesiva para alguna *e* (presión de caza > 1), sea adecuada para otras (presión de caza = 1) o que resulte insuficiente para alguna otra (presión de caza < 1).

2º/*Razones socioeconómicas*. A veces, diversas razones socioeconómicas pueden impedir el logro de la presión 1; tanto en las capturas mixtas como en las selectivas. Esta situación debería ser transitoria; pero suele tender a perpetuarse. En ocasiones, incluso cabría hablar de una casi obligada "ordenación de la degradación"[69]. El resultado es siempre un manejo banal y no ordenado. En estos casos, las capturas programadas tampoco coincidirán con las capturas potenciales calculadas y, según la presión real de caza resultante, podrán acabar siendo mayores, iguales o menores que estas.

Cuando, por la razón que sea, esas u otras, no pueda conseguirse lograr una presión cinegética igual a uno, las capturas de gestión programadas sobre cada *e* durante una *a*, serán distintas de las capturas potenciales inicialmente calculadas. Como en el caso de

---

[69] *Usualmente en evitación de daños mayores. En algunos países incluso por causas humanitarias.*

la ordenación, y con iguales observaciones (CAPÍTULO 8), los aprovechamientos programados se calcularán:

$$NUCCRGea_{programado} = NUCCRGea_{potencial} \times PRea^{1/2}$$

Este NUCCRGea$_{programado}$ deberá distribuirse después entre cada una de las t (temporadas) y de las diferentes i de la anualidad a; para convertirse después finalmente al NUCCFGeiat$_{programado}$.

Ante la realidad práctica de que todavía no se calculan aun debidamente las presiones de caza, y que por tanto las capturas potenciales poco tienen que ver con las capturas que se programan; cabe preguntarse críticamente: ¿Qué es exactamente una posibilidad de caza? ¿Qué significa exactamente un TAC?

Las capturas reales totales finalmente efectuadas en un coto durante la anualidad a se desviarán usualmente de las capturas programadas, en mayor o menor grado, y por causas muy diversas; no necesariamente dolosas o "furtivas". Las desviación, según casos, podrá ser o por exceso o por defecto. Dichas capturas pueden ser de diferentes tipos que es preciso conocer, para poder abordar la gestión de los cotos con seguridad y rigor.

Básicamente, respecto a las capturas programadas en un coto c para una anualidad a sobre una especie e, las capturas reales totales finalmente efectuadas (en c sobre e y durante a) pueden ser de aprovechamiento o de gestión (regulares, urgentes, excepcionales y extraordinarias); añadiéndose o restándose a todas ellas las posibles desviaciones cinegéticas habidas durante la gestión de cada anualidad durante su estadio de aplicación (FIGURA 1). Las estudiaremos a continuación.

Capturas programadas regulares

Las capturas programadas en un plan anual son capturas de las que llamamos *regulares*, al ser propias de la aplicación de la ordenación a través de cada uno de sus planes anuales y de los posibles ajustes posteriores de estos. Dentro de ellas cabe diferenciar entre las capturas regulares de aprovechamiento y las capturas regulares de gestión propiamente dichas (s.e.).

Capturas regulares = Capturas de regulares de aprovechamiento + Capturas regulares de gestión

Capturas regulares de aprovechamiento

Son capturas programadas u ordinarias cuya ejecución aporta un *valor neto inicial positivo* que puede llegar a contribuir al endogenismo económico del manejo sostenible del coto; en otras palabras: cuando lo cazado vale más que el cazarlo (FIGURA 8).

Su contribución se añade, o debería añadirse, a las que deberían añadir los valores, usos y demás externalidades asociadas al manejo cinegético sostenible; aunque es frecuente que estos componentes del *valor neto total generado* por el manejo cinegético se expolien e incluso se gorroneen, en el actual marco de la trivialización de la Naturaleza (CAPÍTULO 2).

Al valor neto inicial positivo que aportan (beneficio *inmediato*), se añadirán después sus correspondientes beneficios *mediatos* asociados a estas capturas regulares de aprovechamiento.

Capturas regulares de gestión (s.e.)

Son también capturas programadas, regulares u ordinarias (que de las tres formas pueden y suelen llamarse), pero cuya captura, a diferencia de las anteriores, generará usualmente, un *valor neto inicial negativo* que habrá que financiar (si es que es posible hacerlo) con cargo a los costes de fomento biológico (FIGURA 8); aunque, por sus posteriores valores de gestión añadidos (beneficios mediatos), acabarán o acabarían generando (si se ejecutan realmente), un *valor neto final positivo*. (Montoya 2020c).

Usualmente se trata de capturas no comercializables o de capturas marginales (FIGURA 7).

1º/*No comercializables*. Capturas sin valor bruto inicial en el coto c durante la anualidad a, que solo deberían ejecutarse cuando el valor neto final de lo cazado, como consecuencia de los posteriores beneficios añadidos por su gestión, resulte positivo o al menos nulo ("lo comido por lo servido").

2º/*Marginales*. Capturas que tienen un cierto valor bruto inicial (comercializables); pero cuyo valor neto inicial es negativo. De ellas serían marginales a gestionar, "en principio", solo aquellas que, por los beneficios posteriores añadidos por su gestión, deberían cazarse; salvo que existan dificultades financieras (por eso hemos dicho "en principio").

Las capturas regulares de gestión se caracterizan por su marco económico de fomento, y por no precisar autorización administrativa alguna para su ejecución, distinta de las especificaciones de sus proyectos de manejo (de ordenación o de plan anual); en otras palabras: por tener el gestor pleno derecho a ejecutarlas, sin necesidad de mayores trámites añadidos.

Capturas no regulares de gestión

Capturas excepcionales

Son capturas de una especie e no programadas de forma regular en un coto c, ni en su proyecto de ordenación ni en el de la anualidad gestionada a, y que por tanto son claramente distintas de las anteriores capturas programadas regulares (de aprovechamiento o de gestión).

No deben confundirse las anteriores capturas regulares de gestión, en *sentido estricto* (s.e.) que son consecuencia más o menos directa de la aplicación de la ordenación, con otras capturas que también se suelen denominar de gestión, pero ya *en sentido lato* (s.l.), y que son las que pueden tener que realizarse o por razones de urgencia, o en régimen de excepción administrativa (capturas excepcionales y capturas extraordinarias).

Estas capturas no regulares de gestión pueden afectar a la *especie y cuantía* de las capturas programadas, al *espacio* en el que se ejecutarán dichas capturas, al *tiempo* de intervención (anualidad, periodo o temporada) o a la *técnica* de caza utilizada.

Como hemos avanzado, pueden tener que ejecutarse por razones de urgencia, excepcionales, o extraordinarias. Se trata ahora de capturas efectuadas usualmente, y sobre todo las extraordinarias, al margen de las previsiones de la ordenación y de sus cálculos estructurales. Se agrupan usualmente en el plan de fomento biológico del coto (FIGURA 2) y suelen justificarse y efectuarse por razones de urgencias, o de riesgos, daños, sanitarias, etc. A todas estas capturas no regulares de gestión, y excepto las ejecutadas por razones de extrema urgencia (a probar a posteriori ante los supervisores del manejo, administración pública u otros), suele aunarlas las obligaciones de:

1º/*Autorización*. Disponer de una autorización administrativa previa antes de proceder a su ejecución; pues se trata de capturas no regulares (no programadas) y, por tanto, inicialmente prohibidas: *"Pedir permiso, para no tener que pedir perdón"*.

2º/*Condiciones*. Aceptar y cumplir plenamente con las condiciones técnicas que en dicha autorización se establezcan.

3º/*Información*. Controlar sus resultados de capturas e informar sobre los mismos y sobre su ejecución y posibles incidencias a la administración responsable de la autorización, así como, en su caso, a otros posibles supervisores del manejo del coto *c*.

Las pertinentes autorizaciones administrativas de excepción en ocasiones pueden ser previsibles, y por tanto válidas en un coto para todo el periodo de ordenación (pudiendo pasar entonces a ser verdaderas capturas regulares de gestión, *no necesitadas de autorización anual*), o bien pueden ser imprevisibles, y por tanto a autorizar caso por caso, anualidad por anualidad, y solo cuando aparezcan las debidas razones para autorizar estas capturas no regulares de gestión: capturas excepcionales propiamente dichas.

Cuando parte de las capturas de gestión no regulares que deban realizarse en régimen de excepción puedan ser más o menos repetitivas y previsibles en su cuantía, a efectos de cálculo deberán considerarse como verdaderas capturas regulares, calcularse como estas en la ordenación y en el plan especial y, lógicamente, aplicarse mediante jornadas de cazador aplicadas en régimen de excepción al amparo de una autorización expedida ahora, no ya para cada una de ellas en cada anualidad, sino para todas las anualidades *a* del periodo de ordenación. De nuevo, estas excepciones pueden referirse a las especies afectadas (cinegéticas o no), a sus cuantías, a las técnicas o modalidades a aplicar (por ejemplo técnicas masivas u otras prohibidas en principio), o a los espacios de actuación (por ejemplo reservas cinegéticas u otros espacios protegidos).

Capturas extraordinarias

Son capturas distintas de todas las anteriores, efectuadas al margen de la continuidad natural del manejo. Estas capturas, porque se efectúan al margen de la ordenación y porque no suelen ser previsibles, son capturas que suelen autorizarse y aplicarse en régimen extraordinario y usualmente solo dentro de la anualidad que las precise. Suelen ser necesarias y hasta obligadas:

1º/*Por razones de urgencia, sanitarias o de "policía"*. Para limitar o prever los riesgos de no hacerlo. Por ejemplo, eliminación urgente de individuos enfermos o muertos (enfermedades, grandes nevadas, incendios forestales...). De compleja evaluación e interpretación técnica y administrativa, estas capturas de gestión extraordinarias (como las excepcionales) pueden ser no comercializables, marginales, o incluso verdaderos aprovechamientos; pero su balance económico final debe ser siempre obligadamente positivo para que puedan contribuir adecuadamente al endogenismo del manejo.

2º/*Por razones de urgencias económicas extraordinarias*. Crisis de financiación u otras necesidades económicas extraordinarias de propietarios, titulares y gestores (por ejemplo, procesos de herencia).

3º/*Por cambios autorizados de uso del suelo*. Durante procesos tales como nueva roturación, urbanización, construcción de infraestructuras...

Desdichadamente para los medios naturales, las extensiones cinegéticas se reducen intensamente en nuestros días, a cada año desaparecen más y más cotos o se reducen otros en su extensión y calidad, sin que se hayan tomado todavía las medidas legales precisas para evitar, o como mínimo para evaluar previamente, los impactos ambientales de todas estas pérdidas y degradaciones sobre la sostenibilidad del manejo cinegético y, sobre todo, sobre el desarrollo sostenible global inducido por este. Los prejuicios anticaza hacen que este aspecto no se evalúe debidamente hoy día en los cambios de uso del suelo.

Disponer de un perímetro concreto (coto c) en el que ejecutar un manejo cinegético racional que, directa o indirectamente, beneficie a toda la fauna silvestre (cinegética o no) y al medio ambiente global (social, ecológica y económicamente), dotado con un titular responsable y con toda una compleja tradición eco-cultural sometida plenamente al imperio de la leyes, es un "lujo" ambiental, al que jamás debería renunciarse sin evaluar previamente el impacto generado; pero, tristemente, se está haciendo así. Luego las situación deviene irreversible. Al final: pura persistencia en la siempre irresponsable trivialización de la Naturaleza y en los torpes paradigmas anticaza vigentes. Decimos irresponsable, porque al final nadie es responsable: cuando las cosas vengan mal dadas, todos cuantos intervinieron se pondrán de perfil.

Capturas no regulares de aprovechamiento.

Algunas capturas no regulares efectuadas por razones de urgencia, excepcionales o extraordinarias, pueden llegar a aportar un valor neto inicial positivo, pasando a ser entonces verdaderas capturas de aprovechamiento que, finalmente, podrán contribuir al endogenismo de la sostenibilidad del manejo.

Un caso muy claro es la caza en berrea de ciervos de trofeo, medallables, e incluso selectivos en riesgo de decadencia, pero con un cierto valor actual, que puede ser muy elevado en el caso de los buenos trofeos. El mismo caso podría ser el del lobo o el oso; pues, si por alguna razón hay que abatir algún ejemplar en un coto, usualmente por razones sanitarias, de seguridad pública, o por razones de riesgos y daños al ganado o a la fauna (protegida o cinegética), siempre será mejor hacerlo contribuyendo económicamente con su caza al mantenimiento endógeno del manejo sostenible del coto, que hacerlo con costes al erario, innecesarios y usualmente desmesurados, que podrían sustituirse con la actuación directa de los responsables del manejo cinegético.

Una auditoría técnica seria en este sentido podría de ser muy necesaria e incluso urgente; porque algo "huele mal" en esta materia, sin que quepa ampararse ni en cuestiones normativas, porque estas siempre son interpretables y revisables, ni en las típicas de la *Falacia del Nirvana* tan queridas por algunos interesados.

Es una práctica administrativa muy errónea y dañina la frecuente prohibición de comercialización de las capturas logradas a título de excepción (no "vender" la caza abatida por razones de gestión s.l.); porque renunciar a sus aportaciones a la sostenibilidad atenta, clara e innecesariamente, contra el Principio de beneficio. Por ejemplo: si debe abatirse un ejemplar de una especie *e* (protegida o no) por razones de gestión de riesgos, daños u otras (lobo, oso, jabalí, conejo…), es contrario al endogenismo del manejo el no aprovechar los posibles ingresos a lograr. Sin embargo, es lo que suele hacerse ¿Para qué? No se sabe.

En general los prejuicios que rondan en torno al sano manejo de la caza suelen ser contrarios a la sostenibilidad y al desarrollo sostenible. Si comercializando la caza del lobo es posible lograr un manejo más sostenible y mejor a efectos de desarrollo sostenible ¿Por qué no hacerlo? ¿Por qué sustituir unos ingresos para el manejo endógeno del coto *c*, por unos gastos para el erario?

Capturas de gestión en abandono

También pueden llegar a existir, y de hecho existen frecuentemente, capturas de gestión en abandono o "no-capturas". Estas no-capturas de gestión, según casos, pueden ser capturas regulares, excepcionales o extraordinarias que se quedan sin hacer; algunas son incluso no-capturas de aprovechamiento en el disparatado marco actual que envuelve a todas estas cuestiones.

Se trata de capturas que técnica y económicamente deberían ser realizadas, conforme al *Principio de obligación*; pero que acaban sumidas en el abandono, casi siempre por las ya mencionadas dificultades de normativa o de financiación que pueden llegar a conducir al abandono total o parcial de las mismas. Obviamente no es esta una situación deseable, pero existe. Ni el expolio, ni el gorroneo, ni la trivialización de la Naturaleza son ajenos a estas realidades normativas y de insuficiente financiación para el endogenismo del manejo cinegético de los cotos.

Los costes financieros, especialmente en los relativamente largos plazos de producción propios de la caza mayor, suelen pesar enormemente sobre las posibilidades de ejecución de muchas capturas de gestión, de aquí la aparición de este obligado abandono definitivo o temporal de las mismas.

Todas las formas del abandono de las capturas de gestión tienen como límite práctico, el inevitable y progresivo incremento de las tensiones de perturbación, que se van acumulando con el tiempo (CAPÍTULO 1. FIGURA 3). El incremento de los riesgos y daños asociados a estas tensiones de perturbación, por el pertinaz incumplimiento del *Principio de obligación*, suele acabar haciendo finalmente aconsejable la caza, pese a sus pérdidas y dificultades financieras iniciales; al hacerse a cada vez más importante su valor neto final aportado, como consecuencia del progresivo incremento del valor generado por su gestión.

Por tanto, todo abandono de capturas tiene un límite en su cuantía y un límite en su duración temporal; hacerlo indefinido, puede significar el transferir una cuantiosa deuda ambiental "a posteriori".

Cosas ciertas. Ajustes inter e intraanuales

Todos los cazadores conocen casos en los que, durante la gestión anual de un coto y a la vista de las realidades de campo, ha habido que desviarse de lo previsto por la ordenación, o incluso casos en los que ha habido que corregir durante las temporadas de caza lo que antes de comenzar las cacerías había previsto el plan anual. El problema será siempre el fijar el cuándo y el cuánto, lo que obliga a ajustar los cálculos algorítmicos iniciales.

Una vez recalculadas y redistribuidas para cualquier especie *e* las capturas programadas en cada plan especial de caza durante la anualidad *a*, el gestor deberá recalcular las unidades de "cosa cierta" propuestas para *e*, en su *género, cuantía y condiciones*

(Montoya 2020a); lo que le obligará a repetir los cálculos estructurales de todas las diferentes especies *e*, con los datos de la anualidad *a*; los modificados y los no modificados, porque todos ellos se integran e interactúan en cada coto (entre ellos y entre las distintas *e*) en una misma y compleja estructura ambiental local propia (social, ecológica y económica).

En el plan anual de la anualidad *a* gestionada en un coto *c*, la imprescindible y hasta obligada informatización del algoritmo local propio de *c* permitirá lograr que la actualización de los cálculos de la ordenación a las condiciones reales de cada plan anual sea casi automática. Informatizados o no, todos estos cálculos estructurales deberían ser siempre un anexo imprescindible de todo proyecto de manejo, ya sea este de ordenación o de plan anual (Montoya 2022b).

Según las peculiaridades de las distintas jornadas de cazador (especies *e* y modalidades *m*) y sus consecuentes unidades de aplicación, control y valoración *i*, podrá ser recomendable establecer sus correspondientes cosas ciertas en términos de:

1º/*Número de piezas cobradas físicas de gestión (NUCCFGeiat)*. Este dato podrá usarse como unidad de cosa cierta (tipo TAC), cuota o cupo, o bien quedar "a resultas"; pero en todo caso deberá calcularse debidamente, porque las posteriores e imprescindibles valoraciones económicas y presupuestarias del proyecto dependerán muy estrechamente de él.

2º/*Número de jornadas de cazador ejecutadas físicas (NUEEFGeiat)*. Según casos, podrá usarse directamente como unidad de cosa cierta, o bien podrá quedar "a resultas" a partir del NUEHFGeiat; pero siempre deberá calcularse lo mejor posible, porque, las valoraciones económicas y presupuestarias dependerán de nuevo muy estrechamente de este NUEEFGeiat (Montoya 2022a).

Capturas reales totales

Antecedentes

Durante la posterior puesta en obra del plan anual, también sus nuevas previsiones (por actualizadas y bien calculadas que estén que estén) podrán verse afectadas, otra vez, por los habituales azares y desviaciones (esta vez intraanuales) propios de cada a; por lo que los resultados realmente obtenidos con cada unidad de ejecución, control y valoración i (datos ahora no meramente programados, sino tangibles o físicos efectivamente controlados) podrán desviarse de nuevo respecto a las capturas programadas; por estas razones las capturas programadas no siempre serán iguales a las capturas reales, lo que obliga a contabilizar estas últimas: la "verdadera verdad" de campo (FIGURA 9). Hemos ido viendo:

$$Crecimiento\ biológico \geq Crecimiento\ bruto \geq$$
$$Crecimiento\ neto \geq Posibilidad\ bruta \geq Posibilidad$$
$$neta\ inicial \geq Posibilidad\ neta\ final$$

$$Posibilidad\ neta\ final \neq Capturas\ potenciales \neq$$
$$Capturas\ programadas \neq Capturas\ reales\ totales$$

$$Capturas\ reales\ totales = Capturas\ de$$
$$aprovechamiento\ (regulares\ y\ no\ regulares) +$$
$$Capturas\ regulares\ de\ gestión + Capturas\ no$$
$$regulares\ de\ gestión\ (urgencias,\ excepcionales,\ y$$
$$extraordinarias) \pm Desviaciones\ cinegéticas\ habidas$$

Finalmente, cabe afirmar que el número total de las capturas reales cobradas en un coto c, durante la gestión de un plan anual a, sobre cada especie e con cada modalidad m, y, en consecuencia, con cada unidad de aplicación, control y valoración i (NUCCFGeia, y consecuente NUCCRGeia); lo que de verdad se ha capturado finalmente, los verdaderos datos de aplicación, control y valoración resultantes, rara vez son iguales a las capturas programadas en el plan anual; porque, en la siempre felicitaria práctica de la caza en campo (Ortega y Gasset 1942), muy rara vez, e imprecisiones, azares y errores por medio, las capturas alcanzan los niveles de precisión que, un tanto artificiosamente, algunos desearían[70] (FIGURA 9).

Tal vez habremos programado 100 piezas a cazar, pero en la práctica y, según casos, se lograrán más o menos de esas 100[71]; incluso habiéndose cumplido todas las condiciones de caza con el máximo rigor humanamente posible. Finalmente, las capturas reales totales efectivamente realizadas en cada coto durante la gestión en una anualidad *a*, que son las que deberán reflejarse en las sucesivas memorias anuales de gestión de la ordenación (estadios de aplicación, supervisión, control y seguimiento de la ordenación), no suelen coincidir en su cualidad, cuantía o distribución, con las capturas programadas. Diríamos que una cosa es lo calculado y otra lo ejecutado: el papel y la realidad, lo que querríamos que fuera y lo que acaba siendo. Ya se sabe, el papel lo aguanta todo (o casi todo); pero el campo no, casi siempre el campo hace lo que quiere (afortunadamente).

---

[70] *No tanto los verdaderos cazadores que aprecian dichos imprevistos, sorpresas y azares, y los consideran como una parte esencial de la caza más pura y genuina. Lo contrario sería, simplemente, como cazar en el gallinero. Muchas veces, quienes aspiran a una imposible precisión están practicando, sencillamente y consciente o inconscientemente, la falacia del Nirvana.*

[71] *Toda desviación puede ser más o menos esperable. Lo que no es esperable es que exista sistemáticamente un sesgo significativo en su cuantía y constante en el tiempo que podría denunciar errores de cualquier tipo que habrá que investigar heurísticamente para tratar de entenderlos y corregirlos. Muchas veces, el gestor se va dando cuenta de lo que sucede conforme estos errores van apareciendo.*

Desviaciones

Estas diferencias, estas desviaciones cinegéticas, que pueden y suelen aparecer incluso en gestiones excelentemente llevadas,[72] Las desviaciones habidas, pueden deberse a:

1º/*Imprecisiones*. La ejecución de las capturas en los medios naturales no suele alcanzar casi nunca una precisión elevada, ni en su número, medición, o evaluación previa, ni en su cuantificación final posterior; por lo que frecuentemente se dejan estas cuestiones "a resultas" o a "medición final"; aunque siempre deberá preestablecerse su cuantía más probable.

2º/*Azares y errores*. Años de crecimiento, cría o migración buenos o malos, azares diversos de caza, o bien errores, imprevisibles e imprevistos de la ordenación y de su gestión posterior, suelen conducir a que las capturas reales totales finalmente habidas, que son las que deberán reflejarse en las sucesivas memorias anuales, no se correspondan con las programadas; lo que no siempre implica un incumplimiento doloso del manejo. A veces esta desviación es intencional, pero igualmente no dolosa: gestión plurianual de cupos por razones biológicas o comerciales, altibajos y oportunidades de mercado…

---

[72] *Se han llegado a denunciar desviaciones absolutamente naturales (no dolosas), con propuestas de sanciones económicas abusivas e incluso hasta con amenazas de cárcel; solo porque algunos "responsables" de la caza son ignorantes de las realidades científicas y técnicas propias del manejo cinegético. Suelen subyacer en estos gravísimos hechos irresponsables actitudes anticaza, prepotentes e irracionales, que sí deberían ser perseguidas con el máximo rigor por la justicia (los administradores no están para atropellar a los administrados). El consecuente desaliento de los gestores de los cotos, trivialización de la Naturaleza por medio, es un grave daño para el manejo cinegético local y para el desarrollo sostenible global: para la conciliación entre la Naturaleza y el Hombre. El "bulling cinegético", el matonismo anticaza, existe, es ambientalmente dañino, y debería ser perseguido por la ley y por la ciudadanía.*

Por ejemplo, si en un coto se puede abatir 1 ciervo de trofeo por año del periodo de ordenación durante la berrea o a rececho, es más que razonable esperar a un buen año de trofeos (que aparecerá usualmente tras una buena primavera) para abatir más de uno, cuando por tener mayor valor puedan contribuir más y mejor al endogenismo del manejo cinegético. Un cupo trianual o incluso un cupo periódico sería más que razonable en estos casos. ¿Qué el titular del coto ingresaría así más dinero? ¡Pues claro, solo faltaría que hiciera lo contrario!

3°/*Floreos dolosos*. Entendemos por floreo al abandono de parte de las unidades a cazar programadas, seleccionándose solo las de mayor calidad y rendimiento, y rechazándose el resto (típico en la caza mayor de trofeos). Suben así los beneficios logrados por jornada de cazador ejecutada física; pues los "cazadores" se liberan así de sus obligaciones respecto a las piezas con valor neto inicial escaso o incluso negativo que, por razones de oportunidad o interactivas, hayan podido incluirse en su autorización de caza.

Por ejemplo, es frecuente que distintos tipos de capturas reales se realicen simultáneamente, para abaratar así (por vía interactiva) los costes de captura de todas ellas (Por ejemplo: machos de trofeo, selectivos, hembras y crías; jabalí y zorro, perdiz y urraca…). Los riesgos de esta estrategia, en principio tan racional y económica, son estos posibles floreos: llevarse lo "mollar" abandonando el resto, y pagar a precio de "todo revuelto".

En el medio natural, el robo directo, el encubierto (conteos, mediciones o evaluaciones erróneas) y estos floreos, son las formas más típicas de saquear los recursos. Bueno es conocerlas para evitarlas, y sobre todo a efectos de pliegos de condiciones técnicas, sanidad y policía.

4º/*Otros dolos*. Capturas ejecutadas al margen de las prescripciones del plan anual. No se trata ya de pérdidas a cargo de terceros (¿cazadores?) que actúan dentro del coto ordenado y al margen del manejo (furtivismo α o inicial); sino de actuaciones irregulares de los propietarios, titulares, gestores y ¿cazadores? que actúan dentro del espacio ordenado y al margen de las prescripciones del manejo (furtivismo Ω o final).

Estas desviaciones dolosas pueden serlo tanto por exceso de caza como por defecto. En el caso de los aprovechamientos rentables, tienden a serlo por exceso, a consecuencia de un afán desmedido de lucro; en las capturas de gestión (regulares, urgencias, excepcionales y extraordinarias) suelen serlo por defecto, para evitar sus costes y sus necesidades de financiación.

En no pocas ocasiones, estos dolos aparecen por la ausencia misma de estas medidas preventivas en los protocolos de manejo aplicados; lo que refuerza la necesidad de seguir plenamente el protocolo global que hemos propuesto (FIGURA 1). Típicamente, estos dolos aparecen por:

1º/*Cosas ciertas*. Por aplicación de un número de unidades de cosa cierta distinto del autorizado, mayor o menor, ya se hayan establecido estas en número de jornadas de cazador habilitadas o ejecutadas, o en número de piezas cobradas.

2º/*Pliegos de condiciones*. Incumplimiento de los pliegos de condiciones técnicas establecidos (generales, especiales o particulares) o fracaso técnico de los mismos.

3º/*Medición y control*. Abusos, engaños, fallos o corrupción de los sistemas de contabilización, medición, evaluación u otras reglas de control establecidas.

Gestión y control de restos animales

Cazar implica capturar una determinada cantidad de biomasa animal, al título y por la razón que sea. No siempre esa biomasa será físicamente extraída del espacio manejado; especialmente en el caso de las piezas cazadas no comercializables, y en el de algunas marginales, cuando los costes de su extracción sean mayores que la suma de su posible valor comercial y el de los daños y riesgos asociados al abandono de sus restos, y también cuando existan dificultades financieras para abordar dicha extracción.

En todos estos casos se generan residuos animales que, antes o después, puede ser preciso controlar; pero este control no tiene por qué ser siempre total; pues, en ocasiones, basta con proceder a un control racional y limitado de los mismos, para conseguir alcanzar los objetivos centrales de su gestión. Otras veces esos restos en abandono pueden ser útiles a otras especies más o menos carroñeras, como los buitres, osos, lobos, jabalíes, zorros...

Por tanto, un control bastante de restos no implica necesariamente que toda la biomasa muerta deba ser extraída o destruida totalmente, unas veces por razón de costes y financiación, y otras por razones ecológicas, pues a veces los restos son o pueden ser necesarios o simplemente útiles para el buen funcionamiento de los ecosistemas. Cierto: dejando muchas veces a un lado los posibles riesgos sanitarios.

Consideraciones finales

Las capturas reales totales efectuadas en una anualidad a sobre una especie e, son la suma de las captaciones regulares de aprovechamiento propiamente dichas y las de todos los tipos de las captaciones de gestión (regulares, excepcionales, extraordinarias y urgentes), afectadas todas ellas por las posibles y hasta inevitables desviaciones habidas durante los procesos de captura; porque, insistimos una vez más, la ejecución de las cacerías no suele tener la precisión que podrían llegar "fingir"" los cálculos[73] y, por su propia esencia, están sometidas a toda una amplia nube de posibles azares.

Todas estas cuestiones que, en la práctica de campo, vienen demostrando que el control y seguimiento de las capturas reales totales en una anualidad *a* no es algo conceptualmente sencillo, y que tampoco los cálculos previos de las capturas son tan elementales como establecer "ramplonamente" el crecimiento bruto de una población (TAC); sino algo mucho más complejo e interesante: una cuestión técnica y científica que no puede seguir soslayándose.

Volvemos a encontrarnos con la necesidad de cambiar, profunda y urgentemente, los paradigmas cinegéticos vigentes; con la necesidad de abandonar toda posición acomodaticia y de asumir en plenitud todos los progresos técnicos y científicos existentes en materia de manejo cinegético sostenible. Todo, menos seguir igual, porque el campo demuestra que la caza va de mal en peor.

Terminamos aquí el estudio y análisis de los crecimientos, las posibilidades, y las capturas (y no capturas) cinegéticas; pero en los cotos no todo es el cazar ni solo el cazar puede contribuir a la sostenibilidad de su manejo. Otros valores, usos y recursos pueden ser también relevantes, especialmente desde la perspectiva de la Ecología cinegética aplicada, por lo que los estudiaremos a continuación (CAPÍTULO 11).

---

[73] *Hasta una cifra con decimales llega a encontrarse en ocasiones ¿Matar perdiz y media?*

11. OTROS VALORES, USOS Y RECURSOS

Introducción

El buen manejo cinegético, al mantener en cada coto *c* y para cada especie manejada *e* una situación poblacional más o menos ideal, o como mínimo convergente hacia ella (biológica o de compatibilidad), permite habitualmente una constante conservación e incluso fomento de otros valores, usos y recursos presentes en cada coto, cinegéticos o no.

La internalización de estos beneficios añadidos puede contribuir al mantenimiento endógeno del manejo cinegético: a la sostenibilidad y al desarrollo sostenible. Al final, Hombre y Naturaleza forman un todo holístico que es el verdadero objeto a manejar en cada coto. Desguazar la caza de los ecosistemas o agrobiosistemas en los que se maneja de los demás componentes manejados (otros valores, usos y recursos), es una simplificación que puede llegar a ser peligrosa; porque las interacciones entre ellos son claves. La caza nunca está sola.

"La omisión del manejo antrópico puede provocar pérdida o disminución de valores, usos o recursos. Existe un cierto grado de consenso sobre el hecho de que la incompetencia para el manejo se demuestra más por el no hacer, que por el hacerlo mal ya que éste último, al menos lo intenta dentro del universo de incertidumbres que el manejo de recursos naturales genera. Suele ser una constante perversa el que, bajo la excusa del principio de precaución, es mejor no hacer nada, y así no dejar aflorar la propia incompetencia. Una característica esencial de todo beneficio ambiental es la difícil separación entre capital y renta. ¿hasta que límite podemos sacrificar o aprovechar una u otra parte para no poner en riesgo ni una ni otra parte? Capital y renta, nuevamente adquieren el auténtico protagonismo, pues de ello depende la persistencia de la propia actividad cinegética". (Guillermo Casanova, comunicación personal 2023).

Los diversos beneficios ambientales, generados o generables localmente o inducidos globalmente, en o desde un coto (sociales, ecológicos y económicos), pueden e incluso suelen proceder, directa o indirectamente, del manejo antrópico (cinegético o no) de los distintos valores ambientales, usos y recursos de cada coto:

1°/*Valores ambientales*. Los valores ambientales globales s.e. (en el sentido más estricto del término "valor") se caracterizan por serlo en sí mismos, al no estar sometidos ni a usos, ni a captaciones antrópicas de cualquier tipo (cosechas vegetales o capturas animales); aunque sí suelen estar sometidos a los múltiples impactos, positivos o negativos, generados por el manejo antrópico.

En ellos, en los valores ambientales, se acumulan los cuatro valores económicos clásicos de los valores (s.e.), valores de existencia, oportunidad, legado y opción (Díaz y Romero 2008). (CAPÍTULO 2). Por ejemplo, el águila imperial es un valor (s.e.) innegable, como puede serlo también el lince, y muchas otras rapaces y especies "protegidas". Todas ellas dependen muy estrechamente de la sana conservación de las poblaciones de conejo y otras especies cinegéticas: del manejo cinegético.

Pero no solo son animales los valores a conservar y fomentar, la flora y la vegetación (natural y cultivos), la biodiversidad en su sentido más amplio puede manejarse también a través de la caza. Por ejemplo, establecer unas cargas pastantes adecuadas de ganados, cervunos y otras especies cinegéticas, es clave para la conservación de pastizales y manchas y del equilibrio racional entre ellos, así como para la defensa de incendios y para la reducción de los posibles riesgos y daños de todo tipo sobre su entorno (seguridad pública, repoblaciones, cultivos...). Montoya 1999a.

¿Cómo conservar y fomentar mejor todos estos valores? ¿Acaso podríamos manejar la caza sin tenerlos en cuenta? ¿Cómo ponerlos en valor? ¿Cabe internalizar, en mayor o menor grado, el fomento de estos valores mediante un manejo cinegético endógeno y sostenible local adecuado, para incrementar así su contribución al desarrollo sostenible global?

2º/*Usos*. A su vez, los diferentes usos ambientales s.e. (en el sentido más estricto del término "uso") se caracterizan por ser disfrutes que, con independencia de sus posibles valores s.e. (que suelen tenerlos), no implican captaciones; es decir: que se practican sin cosechas de vegetales ni capturas de animales. El disfrute de los usos exige de sus practicantes la ejecución de algún tipo de unidad de esfuerzo (ir y hacerlo). Por ejemplo, usos de los medios naturales son el senderismo o el ciclismo de montaña, o la observación y fotografía de la fauna ¿Cabe internalizar, en mayor o menor grado, estos usos de los cotos en su manejo sostenible local ("costes de producción totales" y "rentas residuales". FIGURA 8), para incrementar así su contribución al mejor desarrollo sostenible global posible (beneficios para todos)?

"En la mayoría de las ocasiones, los usuarios son personas ajenas a la propiedad, titularidad, custodia o responsabilidad del manejo. Los intentos de internalización de los usos y otros beneficios ambientales han tratado de lograrla (sin éxito) mediante fórmulas que responden tanto al "quien contamina, paga" como al "quien aporta gana"[74]. En el cómo se ha de identificar a quien aporta, para decidir cuánto ha de recibir, y de quién, está también la base de toda la discusión relacionada con la financiación para el manejo de los beneficios ambientales. Los indicadores "chivatos" del valor que se incrementa o que, por el contrario, disminuye, son otra parte

---

[74] *"Si el que contamina paga, el que aporta beneficios ambientales debe cobrar"* (Montoya 1995)

relevante de la discusión". (Guillermo Casanova, comunicación personal 2023)

3º/*Recursos*. Los recursos de un coto, actuales o potenciales, no son solo los cinegéticos; pues la caza es un recurso natural renovable que convive e interactúa, en y desde cada coto, con otros valores, usos y recursos (s.e.): agrícolas, ganaderos, forestales, productos de recogida, etc.

Todos esos "otros recursos", con independencia de sus posibles valores y usos añadidos, implican captaciones antrópicas (del Hombre y sus animales); ya sean estas "cosechas" (cultivos, maderas y leñas, pastos, hongos, plantas medicinales y aromáticas…) o "capturas" (capturas cinegéticas, como en el caso de la caza, o capturas no cinegéticas como en el caso de animales objeto de recogida, como puedan ser en España los caracoles u otros o, en su caso, capturas de aquellas especies animales "protegidas" que sea preciso manejar cinegéticamente).

De nuevo: ¿Cabe internalizar en el manejo, en mayor o menor grado, los diferentes recursos de los cotos, cinegéticos o no, para afianzar sus sostenibilidad local endógena e para poder incrementar así su contribución al mejor desarrollo sostenible global posible?

Los animales de especie más o menos cinegética[75], son a la vez un valor, un posible uso y un recurso natural renovable. Por ejemplo, un venado es un valor en sí mismo, puede dar origen al disfrute

---

[75] *Decimos "más o menos cinegética", porque esta condición no depende realmente tanto ni del estado actual de sus poblaciones ni de su consideración legal actual (dos aspectos variables), sino más bien de su capacidad y necesidad de soportar un determinado nivel de extracciones en el marco ecológico del coto del que se trate en cada caso (una cuestión permanente): su vocación natural.*

activo de diversos usos (ornato del paisaje, fotografía de la fauna, disfrute de la berrea) y es la vez un recurso objeto de caza[76]. No hay una sola especie animal de realidad o vocación cinegética de la que no pudiera llegar a decirse lo mismo.

Las relaciones dentro de un coto *c* entre sus diversos valores, usos y recursos y con el manejo de la caza en él son complejas, pudiendo significar sus múltiples interacciones (en red multidimensional), según casos, un beneficio ambiental (efectos positivos), o un perjuicio (efectos negativos); lo que nos obliga a reflexionar sobre los balances resultantes y a tratar de evaluarlos lo más cuantitativamente que sea posible.

Hasta aquí, en este libro hemos venido estudiando la ecología de la caza como recurso, y hemos ido observando su relación con los demás valores, usos y recursos de en un coto. Parece pertinente estudiar ahora la relación de la caza con los diversos valores naturales y socioculturales, con los diferentes usos de los cotos, y con los demás recursos de los cotos y su entorno (agrícolas, forestales, ganaderos…). Máxime si se tiene en cuenta que en muchas ocasiones la conciliación entre todos estos tipos de beneficios puede ser conflictiva ambientalmente, y por tanto en lo social, en lo ecológico y en lo económico. Ni puede hablarse de sostenibilidad sin compatibilidad, ni puede hablarse de desarrollo sostenible sin haberla logrado previamente. El manejo de la caza

---

[76] *Todos los animales que pastan (domésticos o silvestres) son en realidad un recurso (animal) que vive de otro recurso (vegetal): los pastos. El equilibrio entre las diferentes especies del ganado y de la caza está cobrando singular relevancia en las zonas serranas en las que el pastoreo del ganado ha entrado en crisis (por ejemplo, antiguas zonas cabrerizas). Es por lo que el pastoralismo exige siempre, y en todas partes, un cuidadoso manejo del equilibrio entre los pastaderos, el ganado, la caza, y todas sus diferentes especies (domésticas o silvestres, autóctonas o exóticas). Una vez más, no puede contemplarse la caza de manera aislada.*

en los cotos y el manejo de sus demás valores (naturales y socioculturales), usos (internos o externos) y recursos (cinegéticos o no), presentan un claro paralelismo, lo que no es nada sorprendente a la vista del *Principio de unicidad*. (Montoya 2022b).

Tras esta introducción general, procederemos a concentrarnos en el manejo de los usos realizados dentro de los cotos o en su entorno más o menos cercano (usos turísticos, recreativos, paisajísticos, educativos, científicos, etc.); pero antes debemos realizar unas breves reflexiones.

1ª/*Unidad de proyecto*. La unidad de proyecto en el caso de los usos suele desbordar el perímetro y extensión de cada coto *c* (unidad espacio-tiempo del cálculo estructural en el caso de la caza). Cabría pensar en organizar y manejar unidades mayores tipo sección, grupo, macizo… (Montoya 2020b).

2ª/*Características relativas*. El problema político-cultural del manejo de los usos de los cotos es que (a diferencia de la caza):

1º/No están sujetos a una normativa legal clara.

2º/No se practican en perímetros bien delimitados (cotos "entablillados").

3º/No suelen tener un gestor responsable y directamente interesado en su manejo (titular).

4º/Sus practicantes no suelen someterse a unos principios ético-culturales comunes, que sí tienen normalmente los cazadores.

5º/Expolio, gorroneo y trivialización por medio, muy rara vez contribuyen económicamente al mantenimiento endógeno y sostenible del manejo de sus propios usos, quedando "astutamente" a la espera de que otros "terceros" lo hagan, e incluso llegando a generarles externalidades negativas: costes de manejo añadidos y lucros cesantes impuestos (CAPÍTULO 2).

3º/*Objetivos*. Estamos por tanto ante una situación de los usos en los cotos que resulta más bien incontrolada e insostenible. Una situación que urge corregir en la mayor parte de los casos; para conseguir pasar desde su actual banalización (expolio, gorroneo y trivialización de la Naturaleza por medio) al logro de una contribución a su manejo integrado verdaderamente racional. No otra cosa se viene haciendo en España con la caza desde hace décadas; diríamos que desde 1989.

Usos en los cotos

Conciliación y manejo de usos

Son muy frecuentes los usos de todo tipo (excursionismo, senderismo, caza fotográfica, ciclismo, educativos, científicos...) que se realizan en los cotos de caza. Sus practicantes no suelen estar suficientemente concienciados sobre los diferentes impactos ambientales generados por sus propias prácticas (creen, tal vez interesadamente, que su impacto es en todos los casos cero e incluso positivo); ni tampoco sobre sus interferencias con los múltiples y muy diversos valores, usos y recursos de los cotos, cinegéticos o no, que, sin embargo, son absolutamente imprescindibles a efectos de mantener la sostenibilidad del manejo de estos espacios que ellos disfrutan. Para dichos usuarios los terrenos que pisan suelen ser frecuentemente poco más que meros "escenarios naturales": cartón piedra ¡Qué bonita es la Naturaleza!

Ante una sociedad cada vez más urbanita, también son cada vez más frecuentes esas "colisiones de derechos" y es que ¿Quién debe tener preferencia, el que va en bicicleta de montaña por una sierra, o los cazadores que tienen permiso para celebrar una batida para el control del jabalí, o el que va a "cazar" con su cámara fotográfica? ¿A quién por qué se le debe dar prioridad? ¿Quién y en qué momento del año aporta más valor económico para el manejo sostenible e integrado de ese espacio compartido común? ¿Cómo se genera una más sana compatibilidad y sostenibilidad y un mejor desarrollo sostenible?

En el caso de los usos realizados en los cotos de caza no existen capturas, pero sí pueden y suelen existir impactos ambientales (sociales, ecológicos y económicos) de muy diversos tipos, intensidades y cuantías, sobre alguno o algunos de los valores, usos y recursos presentes en el coto (cinegéticos o no, gestionados o no).

Los usos comparten con las capturas los diversos azares y desviaciones que pueden obligar al gestor a la reprogramación anual de las jornadas físicas de uso inicialmente previstas por la ordenación, a ajustarlas después a sus posibles desviaciones intraanuales, y a la necesidad de aplicar, controlar y valorar las jornadas físicas de uso finalmente ejecutadas mediante cada i.

Por tanto, la gestión de los usos en sus diferentes y sucesivos estadios de aplicación, supervisión, control y seguimiento, por muy distintos de la caza que sean en su esencia, no difiere gran cosa de la gestión de las capturas cinegéticas. En ambos casos, se manejan sus impactos ambientales sobre ellos mismos (reflexivos) y sobre los demás valores, usos y recursos presentes en el coto (manejados intencionalmente o no, impactados directa o indirectamente); es decir: sobre la estructura ambiental multidimensional completa afectada por el manejo del coto, con todas sus integraciones e interacciones propias. Felizmente nada es simple ni seguro en los ambientes naturales: ni la Naturaleza ni el Hombre; cada espacio como cada persona son/somos un mundo distinto y singular.

Disfrutes brutos y disfrutes netos

¿Cabe internalizar en el manejo sostenible local de los cotos los beneficios ambientales generados por sus usos, para afianzar su sostenibilidad y para tratar de incrementar su contribución al desarrollo sostenible global? Lo cierto es que el manejo de las estructuras cinegéticas preexiste a los usos y puede ser una base sólida para lograr, en y desde los cotos, unos usos manejados de forma sostenible y racional y lo más contributiva al desarrollo sostenible que sea posible lograr.

Los procesos de cuantificación de los usos a manejar en un coto mantienen un claro paralelismo algorítmico con la cuantificación de las capturas cinegéticas a realizar en él. Los usos y las capturas tienen en común el hecho de tener que aplicar para su disfrute un determinado número de jornadas ejecutadas con una determinada modalidad (jornadas físicas, equivalentes o referenciales según casos); es decir que también en los usos existen unas unidades elementales de uso e (asimilables a las "especies") unas modalidades de uso m, y, en lógica consecuencia, unas unidades de aplicación, control y valoración i ($e + m = i$). Dado el *Principio de unicidad*, en el modelo general a seguir (protocolo global y algoritmo local) la vertebración vertical de los usos no podría ser de otra manera (Montoya 2020b).

Disfrutes brutos

Los disfrutes brutos de los usos generados hasta hoy (en el levantamiento del acta de estado) o generables "mañana" (en el diseño del espacio modelo ideal y en la programación de los planes especiales), son los compatibles con la sostenibilidad endógena de su manejo local y con el mejor desarrollo sostenible global inducido posible, inducido a través de ella; siendo el balance final de sus impactos ambientales (positivos y negativos) sobre todos los diferentes valores, usos y recursos presentes, el condicionante principal para el establecimiento de los límites admisibles en el género, cuantía y condiciones técnicas de sus cosas ciertas: en las jornadas de disfrute finalmente ejecutadas.

En la práctica de campo, estos límites deben proponerse inicialmente mediante aproximaciones técnicas racionales. Posteriormente, la investigación heurística local asociada al manejo (FIGURA 1) irá mejorando continua y progresivamente esta propuesta inicial; por lo que no debe cederse nunca ante la tentación de la casi omnipresente "Falacia del Nirvana".

Disfrutes netos

No siempre todos los disfrutes brutos posibles pueden acabar siendo disfrutados, por lo que los disfrutes netos suelen ser menores que ellos. En paralelo al caso de la caza las razones pueden ser:

1º/*Legales*, normativas que limitan o prohíben un determinado disfrute bruto, parcial o totalmente, por razones de especies y espacios protegidos, de técnicas de disfrute, u otras como la seguridad pública o riesgos, daños u impactos sobre otros posibles beneficios presentes (otros valores, usos y recursos).

2º/*Físicas*, cuando, en todo o en parte del coto, no pueden disfrutarse uno o más usos en condiciones razonables de acceso, eficacia, impactos, costes, o seguridad del propio usuario.

Posibilidades

Posibilidad bruta. No comercializables

La posibilidad bruta de los usos, lo que en principio habría que disfrutar de los disfrutes netos (FIGURA 7), suele ser menor que estos cuando algunos de ellos no son comercializables; es decir: cuando no son verdaderos productos en este mercado, tal vez sí en otros, y tal vez también en este tras las oportunas actuaciones legales o de mercado.

Para que un uso sea un producto en cualquier mercado (se comercialice en él o no, se pague por él o no) es preciso que sea conocido y accesible para su disfrute, que tenga una demanda, y que sea lo bastante escaso como para poder atribuirle un valor e incluso hasta un precio de mercado. Muchas veces, un uso que podría llegar a ser un producto no lo es por razones:

1º/*Legales*. Prohibiciones de comercialización de determinados usos en algunos espacios, que suelen ir unidas a la prohibición previa de los mismos; aunque a veces pueden practicarse, pero no comercializarse. Estas prohibiciones suelen ligarse a las diversas colisiones de derechos que pueden llegar a aparecer.

"Se produce colisión de derechos cuando hay concurrencia de dos o más derechos subjetivos, e incompatibilidad de ejercicio entre ellos. La concurrencia de varios derechos subjetivos implica: la existencia de varios derechos, pertenencia a patrimonios distintos, contacto o interferencia en su ejercicio (concurrencia, en sentido específico). La incompatibilidad de ejercicio exige: el ejercicio normal de los derechos, la imposibilidad del ejercicio total y simultáneo de todos los derechos. La solución a la colisión de derechos en materia cinegética da lugar a todo un intento de regulación e intervención por parte de las Administraciones Públicas, legislar, normativizar, regular y en definitiva burocratizar toda la actividad venatoria, en un nuevo intento para ocultar la carencia de conocimiento técnico a cada vez más frecuente por parte de nuestros legisladores y administradores" (Guillermo Casanova, comunicación personal 2023).

2º/*Daños de y a terceros*. Usos cuyo valor de mercado resulta anulado, como consecuencia de los impactos causados sobre ellos mismos o sobre otros usos y recursos simultáneos (caza, agricultura, pastoreo…); por ejemplo, aglomeraciones, interferencias, incompatibilidades... Suele ser posible programar actuaciones, internas (de manejo y de los tipos y técnicas de uso) o externas (de normativa y mercado) respecto al espacio que se maneja, para reducir la entidad de los usos que puedan resultar finalmente no comercializables.

Posibilidad neta inicial. Marginales.

La posibilidad neta inicial puede ser menor que la posibilidad bruta, cuando existen usos marginales: usos más o menos comercializables que tienen un valor bruto inicial menor que el valor de los costes de la jornada ejecutada física del uso del que se trate (no un valor nulo como en el caso anterior).

Estos usos marginales podrían disfrutarse e incluso venderse, porque son comercializables y hasta tienen un cierto valor e incluso tal vez un precio; pero su disfrute arrastraría pérdidas para los usuarios; por lo que no les valdrá pena disfrutarlos.

Se trata de disfrutes con escaso valor bruto inicial, por falta de demanda, escasa calidad, impactos e interferencias de terceros... o con elevados costes de disfrute por razones de mercado, tecnológicas, insuficiente densidad poblacional (usos faunísticos), dispersión, alejamiento, dificultades de acceso, insuficiencia de medios de disfrute…

Suele ser posible programar actuaciones, internas o externas respecto al manejo de cada coto (o espacio que lo englobe), para que los disfrutes marginales pasen a ser "rentables": para que merezca la pena disfrutarlos.

Posibilidad neta final. Incompatibilidades

La posibilidad neta final suele ser menor que la posibilidad neta inicial cuando, por razones genéricas de compatibilidad ambiental, relacionadas con alguno o algunos de los valores, usos y recursos presentes o potenciales, internos o externos respecto al coto manejado (o espacio que lo englobe), parte de la posibilidad neta inicial de un uso no pueda ser disfrutada. Es decir: cuando sea preciso abandonar parte de los posibles usos por los efectos colaterales que su disfrute podría tener sobre otros valores, usos y recursos, por ejemplo sobre la caza, los montes, la agricultura, el pastoreo, etc.

En estos casos, porque dejar de disfrutar un uso podría repercutir negativamente en la sostenibilidad del manejo de un coto, podría recurrirse a modificaciones sustanciales en los pliegos de condiciones técnicas del uso o de la caza (u otros beneficios cualesquiera afectados), hasta lograr la debida compatibilidad.

Estas incompatibilidades de los usos, y al igual que hemos visto en el caso de la caza, pueden ser:

1º/*Genéricas*. Incompatibilidad de la ejecución de algún uso con alguno de los demás valores, usos y recursos presentes en el coto, o con los intereses sociales o económicos de terceros. Por ejemplo, cuando un uso pueda llegar a generar disfunciones dentro de la biología natural propia de las especies silvestres (cinegéticas o no), de carácter etológico (impactos de los usos sobre los procesos de sexualidad y reproducción, de comportamiento, de densidad, de ocupación del hábitat u otras) o sanitario (tensión o cansancio, impactos indirectos de daños, o efectos posteriores de los restos generados).

2º/*Generacionales*. Los aspectos históricos y la conservación de la memoria cultural de quienes nos precedieron son valores relevantes que pueden generar incompatibilidades de uso; aunque su uso respetuoso y racional también puede llegar a generar diversos beneficios, actuales o futuros: científicos, educativos, turísticos... Lo mismo sucede con las generaciones futuras, pues lo que hoy nos parece superfluo, mañana podría ser importante.

3º/*Naturales*. Incompatibilidad de algunos usos con la conservación de paisajes y ecosistemas, funciones y flujos singulares, oportunidades y potencialidades del medio, suelos, biodiversidad, especies animales o vegetales especialmente protegidas... Si reconociendo tanto las incompatibilidades genéricas como las generacionales se pretende no causar daños colaterales; en este caso, los usos deben programarse para contribuir activa y directamente a la conservación.

Las incompatibilidades genéricas abarcan extensiones muy amplias, las generacionales y las de conservación suelen ser bastante más puntuales, por lo que rara vez resultan demasiado costosas de asumir; al menos cuando los espacios verdaderamente relevantes se identifican y delimitan con precisión, buen criterio y el debido rigor técnico y científico ¿Se está haciendo así, o se está aceptando la sumisión acomodaticia y servil a la Falacia del Nirvana?

El paradigma de la caza debe ser cambiado; pero el de los usos también, diríamos que hasta más. Todos los paradigmas del manejo de los espacios y medios naturales, dada su obsolescencia actual, deben ser modificados; para hacerlos converger a uno único y común a todos ellos, y aplicable a la plena y racional conciliación entre la Naturaleza y el Hombre: al objetivo de supervivencia que nos guía.

Ejecución de usos

Usos potenciales

Tras el establecimiento de la posibilidad neta final de los usos (y descontadas por tanto las posibles incompatibilidades), otro concepto, el de variación de ordenación (común con el caso de las capturas cinegéticas. FIGURA 9) suele conducir a que los usos potenciales sean distintos de ella.

Por ejemplo, cuando las exigencias de convergencia hacia los estados ideales previstos en el diseño del espacio modelo ideal de los usos obliguen a aplicar una progresiva variación de ordenación que, según casos, implicará un beneficio de ordenación (incremento de la posibilidad neta final) o un sacrificio de ordenación (reducción de posibilidad neta final). Un cambio brusco, como sucede también en el caso de la caza, podría llegar a generar conflictos de aceptación social, de viabilidad global, o de financiación, control y seguimiento (CAPÍTULO 4).

Usos programados

"La programación de usos es una herramienta capaz de solucionar gran parte de los conflictos que suelen aparecer en campo; entendiendo la programación como el camino para lograr la solución ideal, un proceso de discusión al problema de la asignación de usos en el espacio temporal y físico. De esta forma, dos derechos no entran en conflicto si hay norma que los regula. Más allá del intervencionismo burocrático, la programación técnica puede y debe intervenir en el marco de las decisiones sobre el manejo de los espacios naturales" (Guillermo Casanova, comunicación personal 2023).

Los usos, y habitualmente por razones de naturaleza socioeconómica, no siempre pueden programarse con una presión de disfrute igual a uno, la única que conduciría a que los usos programados fueran iguales a los potenciales. En esos casos, los usos programados podrán resultar ser mayores o menores que los usos potenciales.

Usos ejecutados

Tampoco los usos realmente ejecutados suelen coincidir con los usos programados; especialmente por razones ligadas al coeficiente de asistencia real de los usuarios al disfrute (Montoya 2022a). Usualmente solo los usos con un valor neto inicial positivo se ejecutarán: usos de "aprovechamiento".

Como también sucede en el caso de la caza, a veces se autorizan usos excepcionales, e incluso extraordinarios, ejecutados al margen los regulares u ordinarios previstos por el manejo.

Usos reales

Con frecuencia, tampoco los usos reales habidos suelen coincidir con los usos ejecutados calculados; pues suelen ser habituales las desviaciones prácticas originadas por:

1º/*Azares y errores*. Años con fenología, crecimiento, cría o migración buenos y malos, azares diversos de uso tales como los meteorológicos; o bien errores, imprevisibles e imprevistos de los proyectos de manejo de los usos y de su aplicación y supervisión, que suelen conducir a que los usos reales o finales, que son los que se reflejarán en las sucesivas memorias anuales (control de usos mediante sus distintas unidades de ejecución i), no se correspondan con los previstos, lo que no siempre implicará un incumplimiento doloso de la ordenación. Muchas veces estas desviaciones son intencionales, pero no dolosas: gestión plurianual de usos por razones naturales (mayores o menores migraciones, celos, floraciones, nieves, caudales…), causas comerciales, altibajos y oportunidades de mercado…

2º/*Dolos*. Usos irregulares ejecutados al margen de las prescripciones del manejo. No se trata ya de pérdidas a cargo de terceros ejecutores de usos que actúan dentro del espacio ordenado y al margen del manejo (furtivismo α); sino de actuaciones de los propios titulares, gestores y usuarios que actúan dentro del espacio ordenado (furtivismo Ω).

Típicamente estos dolos se producen por aplicación de un número de jornadas físicas mayor o menor que las autorizadas, o por incumplimiento de los pliegos de condiciones técnicas particulares establecidos; o bien por abusos, engaños, fallos o corrupción en los sistemas de supervisión y control establecidos. Nada nuevo bajo el sol: son prácticamente los mismos dolos de los aprovechamientos abusivos en el caso de otros bienes materiales como la caza, los pastos, los montes, los productos de recogida... La imaginación de los "pillos" no es tan brillante como suele decirse.

Abandono de usos y control de restos

El abandono de la práctica de algunos usos puede generar impactos negativos sobre el medio ambiente de cada coto (pérdida de pasos, veredas, decaimiento de infraestructuras, de los sistemas implícitos de alertas y vigilancia, socorrismo...); también daños sociales y económicos, externos o internos respecto al espacio manejado, directos o interactivos, con los consecuentes efectos negativos sobre la sostenibilidad local y el desarrollo sostenible global.

Por tanto, toda reducción o abandono de los usos debe tener siempre unos límites en su cuantía y un límite temporal, que no pueden ser ni abusivos ni indefinidos; porque significaría transferir una deuda ambiental "a posteriori". Como en el caso de las capturas, los usos no solo son posibles, sino que resultan igualmente obligados, cuando directa o indirectamente contribuyan en una u otra forma a la sostenibilidad y al desarrollo sostenible (*Principio de obligación*).

El control de restos y basuras, en especial en el caso de los usos recreativos, y aunque no solo en ellos, pues también suele darse en algunos otros usos y recursos, suele ser el obligado y lamentable fruto de la incuria y de la falta de consideración hacia la Naturaleza que todavía pervive en algunas personas que, curiosamente, suelen ser las más trivializadoras de la misma y las más partidarias del expolio, el gorroneo y hasta la subvención más o menos encubierta de esos usos, para poder disfrutarla a "barra libre". Basta con pasarse un lunes por cualquier "área recreativa", dentro o fuera de cualquier coto o espacio protegido para entenderlo. Lo de "*Quítale una mancha al campo*", no cuenta ni para expoliadores ni para gorrones.

Se imponen cambios profundos en la educación general y en la educación ambiental actual, en la cultura colectiva, y siempre en la política y en las archicomplejas y entrelazadas normativas ambientales (cortar la madeja ambiental).

Todo parece indicar que estamos todavía muy lejos de superar el manejo banal de los usos para poder alcanzar un manejo racional para todos ellos. La caza racional, porque su manejo más o menos racional lleva ya décadas de ventaja, es el ejemplo de progreso a seguir; curiosamente, nada hay más denostado por quienes se abrazan al manejo banal de los usos, en los cotos y en otros espacios naturales: los enamorados del cartón piedra ¡Qué bonita es la Naturaleza!

12. INDICADORES DE ALERTA

Los límites a los disfrutes

Usos (cinegéticos o no)

En el manejo de los usos, los indicadores de alerta se establecen mediante el control y seguimiento de los posibles impactos negativos acumulados por la práctica de los usos sobre cualquiera o sobre varios de los valores, usos y recursos presentes en el coto (u otra unidad espacial) o sobre el medio ambiente del coto globalmente considerado (social, ecológico o económico).

Para ello deben seleccionarse y proponerse los debidos indicadores a controlar y seguir, y debe establecerse un límite máximo admisible para los impactos de los usos sobre ellos, que será en cada caso su indicador de alerta.

A veces estos impactos podrán ser difíciles de identificar, evaluar y cuantificar; pero su concepto y la necesidad de su control existirán siempre.

¿Podremos continuar durante mucho tiempo, sin que los usos respeten, de forma controlada y debidamente probada, el *Principio de precaución*? (Consejo de las Comunidades Europeas. 1992).

Recursos cinegéticos

En el manejo de los recursos cinegéticos de un coto c, durante la gestión de cualquier especie más o menos cinegética e en una anualidad a (y por tanto dentro del ámbito de la gestión del plan especial de caza de c), al contrario de lo que suele considerarse en demasiadas ocasiones, lo importante no es tanto el conseguir un determinado número de piezas cobradas (algo que incluso ha llegado a la normativa legal, generando rigideces innecesarias cuando no perjudiciales, tipo TAC); sino el respetar y dejar en campo el censo referencial debido: diferenciar con claridad entre el "capital" (lo que debe quedar) y su "renta" (el excedente de obligada extracción): todo lo demás, por importante que sea, es más bien accesorio.

Mientras que durante la gestión "día a día" de una especie cinegética *e*, en un anualidad *a*, se estén ejecutando capturas con una modalidad *m*, y por tanto con una unidad de aplicación, control y valoración *i* ($i = e + m$), en un instante cualquiera *n* el mejor indicador del censo presente, por sencillo y económico, será siempre el rendimiento constatado habido, medido en número de piezas cobradas físicas de gestión (NUCCFGeiatn), logradas en cada instante *n* en un coto por cada jornada de cazador ejecutada física. El trasfondo es bien sencillo: se caza más cuando hay más, y se caza menos cuando hay menos.

$$RNUCCFGeiatn = NUCCFGeiatn / NUEEFGeiatn$$

Si este rendimiento deja de superar un mínimo preestablecido, que es al que llamamos *indicador de alerta*, probablemente se estará captando ya sobre el "capital" y, en cumplimiento del *Principio de precaución*, con independencia de lo que se haya programado en la ordenación o en el plan anual, habrá llegado el momento de suspender preventiva y cautelarmente las capturas: la realidad por delante de los números.

Los cazadores más respetuosos con sus especies y cotos suelen seguir en cierto modo estas mismas cautelas. Por ejemplo, cuando entienden que en su coto están quedando pocas perdices para "madre" futura, porque se están cobrando pocas, suelen suspender preventivamente sus cacerías; al margen de lo que hubieran deseado o pensado inicialmente, o de lo que tuvieran autorizado en el plan anual que aplican. Por tanto, nada nuevo bajo el sol: los buenos cazadores existen y actúan como mejor ejemplo. No puede encontrarse un antecedente mejor, cuando de indicadores de alerta cinegéticos hablemos.

Ahora trataremos simplemente de generalizar esta "cultura del respeto" que algunos disfrutan, a todos los cotos y a todas las especies cinegéticas posibles, y de calcular normalizada y debidamente estas capturas mínimas: estos indicadores de alerta. Después de todo, porque los acuerdos entre cazadores no son siempre fáciles, y muchas veces estas cuantías consensuadas pueden ser inadecuadas, por defecto o por exceso, es mejor normalizar el cálculo de estos indicadores.

Los indicadores de alerta se establecen para avisar al gestor de un coto c durante la anualidad a que gestiona de la necesidad de suspender las capturas sobre una especie e, desde el instante mismo n en el que el rendimiento constatado (RNUCCFGeiatn) se aproxime peligrosamente al que sería esperable con los censos físicos previstos para finales de cada temporada (indicadores de alerta finales f: RNUCCFGeiatf) o para el final de su periodo de caza completo (indicador de alerta residual r: RNUCCFGeiatr).

Los indicadores de alerta son datos locales, propios de cada especie en cada coto y proyecto de manejo. Se calculan inicialmente en el proyecto de ordenación y se aplican después durante la gestión, que a veces deberá recalcularlos en su plan anual; aunque bastará con aplicar directamente los indicadores de alerta del proyecto de ordenación, cuando en la anualidad gestionada no haya habido desviaciones censales significativas respecto a las previsiones de la ordenación: *lo profetizado y lo constatado*.

Los indicadores de alerta no son aplicables a:

1º/*Especies migratorias y erráticas*, porque al ser sus censos variables dentro de la anualidad, podrían recuperarse después de alcanzarse los indicadores de alerta. Por ejemplo, en pasos tardíos de codorniz, zorzales, o palomas; también cuando las liebres regresan a sus picaderos o cuando, según las condiciones meteorológicas u otras, mueven sus camas entre los bosques, los montes o los terrenos abiertos. Lo mismo suele suceder con el jabalí.

Cierto: que no sean aplicables los indicadores de alerta a estas especies, no implica el "caño libre" para ellas; sino que estas deben guiarse por lo que la ordenación haya previsto como límite racional para "la de los ojos negros" (escopeta para los más castizos). Muchos cazadores están predispuestos a mimar "sus" especies (sedentarias), pero no están conformes con limitar la caza sobre las especies de "todos" (migratorias y erráticas). Urge un esfuerzo añadido de concienciación y divulgación en esta relevante materia cinegética.

2º/*Unidades biológicas de inventariación fácil, fiable y económica*, porque en ellas los indicadores de alerta podrían no hacer falta, si resulta más razonable aplicar alguna metodología censal tradicional, o algún sencillo índice de abundancia, para el seguimiento directo de los censos. Pero, como ya hemos dicho anteriormente (CAPÍTULO 7) esta situación es muy rara en España.

3º/*Unidades cazadas*. Cuando el número de piezas cobradas físicas sea una unidad segura y fiable de cosa cierta, cosa también infrecuente, excepto con algunas modalidades muy controladas de la caza mayor.

4º/*Capturas no aleatorias*, por ejemplo, cuando por razones excepcionales se autorice el uso de medios de captura masivos.

Tipos de indicadores de alerta

Indicadores instantáneos

Durante la gestión de una anualidad *a*, siendo *NUCCGFeiatn* el número de piezas cobradas físicas, y *NUEEGFeiatn* el número de jornadas de cazador ejecutadas físicas; el rendimiento obtenido sobre una especie *e*, con una unidad de ejecución, control y valoración *i* en cualquier instante *n* de una temporada *t* de *a* (*RNUCCFGeiatn*) se calcula:

$$RNUCCFGeiatn = NUCCGFeiatn / NUEEFGeiatn$$

Este cálculo puede efectuarse en cualquier instante *n* de cualquier *t* de *a*; pero, lógicamente, tiene especial relevancia al acabar la última temporada de caza, y al finalizar cada una de ellas.

Indicadores de alerta residuales y finales

Indicadores residuales

El censo físico secuencial residual *r* de una especie *e*, que es el que debería quedar al acabar su última temporada de caza *t* en una anualidad *a* (BDGFeiatr), es su censo físico secuencial en esa *a* y *t* final (BDGFeiat), menos las capturas físicas a efectuar durante ella (NUCCGFeiat), menos las bajas físicas, naturales y antrópicas ajenas a las capturas regulares, habidas durante esa misma temporada final *t* (NUCCBFeiat) incluidas en el factor censal de *t*:

$$BDGFeiatr = BDGFeiat - NUCCGFGeiat - NUCBGFeiat$$

La densidad poblacional residual que debería quedar entonces (Deiatr), siendo ENCei el espacio neto cazado y 100 hectáreas la unidad de referencia correspondiente será:

$$Deiatr = BDGFeiatr / (ENCei / 100)$$

El cálculo, siendo Deiatr la densidad poblacional residual de *e* y CPeiatr la cazabilidad residual con la última modalidad de *t*, es:

$$RNUCCFGeiatr = Deiatr \; x \; CPeiatir$$

Indicadores finales

Cuando en una *a*, dentro del periodo hábil para la caza de una *e*, existan varias temporadas de caza *t*, puede establecerse para el instante final *f* de cada una de estas *t* su indicador de alerta final propio (RNUCCFGeiatf), para poder repartir así mejor las capturas anuales entre las distintas y sucesivas *t* (CAPÍTULO 9). Como en el caso de los censos residuales:

$$RNUCCFGeiatf = Deatf \; x \; CPeiatf$$

Obviamente, el indicador de alerta residual es en realidad un indicador final más: el de la última temporada de caza; pero su relevancia es máxima, porque será precisamente a partir de ese censo residual (el verdadero "capital cinegético") desde el que se producirá el excedente, numérico o en biomasa de la especie concernida *e* (la "renta en especie" a extraer). Recordemos que el problema real no es tanto el extraer una determinada cantidad de capturas, sino el dejar el censo residual debido.

Medidas cautelares

En todas las demás ingenierías, una vez calculadas sus estructuras físicas se les refuerza, aplicando preventivamente un coeficiente de seguridad a los resultados obtenidos; en otras palabras: se ponen las vigas algo más "gordas" de lo que aconsejan los cálculos. Después, y una vez reforzadas y aseguradas así las estructuras, suelen ratificarse los resultados finales de dichos cálculos "por si acaso", sometiendo a las obras, una vez ejecutadas, a los correspondientes ensayos de esfuerzos (cargas reales): ¿Se hundirá el puente, cuando coincidan sobre él un cierto número de camiones cargados?

En claro paralelismo con las estructuras físicas, en el caso de estructuras ambientales, y por tanto en la ingeniería de la sostenibilidad y el desarrollo sostenible, una vez calculadas y como reforzamiento y aseguramiento del *Principio de precaución*, cabe considerar que es razonable aplicar cautelarmente similares medidas de prudencia: coeficientes de seguridad iniciales y ensayos de esfuerzo posteriores (Ensayos heurísticos). Estudiaremos a continuación su aplicación a la cinegética.

Coeficientes de seguridad

Los indicadores de alerta, finales y residual, son los datos más oportunos sobre los que aplicar, para cada *e*, sus correspondientes coeficientes de seguridad (CSea), para "engordar" algo los censos a dejar; con la lógica excepción de las especies a las que no sean aplicables dichos indicadores (migratorias y erráticas), para las que el coeficiente de seguridad deberá aplicarse directamente al número de sus "cosas ciertas" calculadas, según casos, en piezas cobradas o en jornadas de cazador (habilitadas o ejecutadas).

A la espera de mejores propuestas cuantitativas, discrecionalmente creemos que es conveniente usar para las estructuras cinegéticas un coeficiente de seguridad (CSea) igual a:

$$CSea = 1 + TLGea \times 0,15$$

Recordando siempre que el indicador de alerta residual *r* es uno más entre los finales *f*, el indicador de alerta a aplicar resulta:

$$RNUCCFGeiatf \times CSea = RNUCCFGeiatf \times (1 + TLGea \times 0,15)$$

Cuando como cosa cierta se fije un TAC, lógicamente, el indicador se aplicará no como multiplicador sino como divisor; es decir: cobrar menos piezas reales de las inicialmente calculadas.

$$TACea_{final} = TACea_{inicial} \; x \; (1 - TACea_{inicial} \; x \; 0,15)$$

Ensayos heurísticos

Después, y como medida cautelar añadida, los esfuerzos aplicados se someterán en todos los casos a ensayo real ("camiones cargados"), para ratificar tras la caza (o no) los resultados realmente habidos durante los estadios de gestión (aplicación, supervisión, control y seguimiento de la ordenación (FIGURA 1). Por tanto, se pondrán en obra las medidas completas de seguridad técnicas, propuestas y acumuladas en favor de la más correcta y rigurosa interpretación cautelar del *Principio de precaución.* ¿Habría otra forma de cumplirlo mejor?

Estas medidas finalmente serán:

1ª/*Toma de datos*. Racionalización de la toma de datos y validación inicial de los mismos.

2ª/*Cálculos*. Normalización del cálculo estructural y verificación final de los resultados obtenidos.

3ª/*Indicadores de alerta*. Aplicación de coeficientes de seguridad suplementarios, y en su caso control y seguimiento de los indicadores de alerta.

4ª/*Control y seguimiento*. Ratificación final mediante el ensayo heurístico real y adecuación algorítmica posterior a través de las sucesivas revisiones de ordenación (control y seguimiento de la ordenación).

Gestión de indicadores de alerta

Los impactos de la ejecución misma de las actuaciones antrópicas, efectuadas en un coto c en la anualidad gestionada a, pueden ser consecuencia de ellas mismas (*Impactos de las actuaciones*) o pueden ser impactos sobre las poblaciones manejadas (*Impactos poblacionales*). En ambos casos la gestión de sus indicadores de alerta resulta clave.

Impactos de las actuaciones

En el caso de los usos y de otros impactos de las actuaciones (tales como los causados por la ejecución misma de las cacerías y por las demás intervenciones y obras de finalidad más o menos cinegética que también puedan llegar a impactar), el gestor deberá garantizar que los posibles impactos ambientales globales de su ejecución (sociales, ecológicos y económicos) no son mayores que los máximos admisibles en cada caso: que ni los usos ni las demás actuaciones cinegéticas causan impactos superiores a los establecidos para los indicadores de alerta objeto de gestión.

En usos como en capturas, el gestor deberá guiarse, en principio, por los indicadores de alerta establecidos por la ordenación; excepto cuando deba ajustar las previsiones de esta a las realidades de los impactos de las actuaciones concretas a realizar durante la a que gestiona. Recordemos: impactos de los usos, capturas, y demás intervenciones y obras, sobre los valores, usos y recursos del coto.

Impactos poblacionales

En el caso de los impactos poblacionales de las capturas, el gestor cinegético de un coto c, en la a que gestiona, tras cada t debe garantizar, para cada especie cazada e, unos censos suficientes y seguros de cara a la siguiente t (censos finales) y la siguiente a (censo residual); lo que le obliga a controlar atentamente los censos instantáneos que van quedando en cada instante n; sobre todo cuando se comprenda que las capturas de cada temporada están llegando a su fin.

Cuando los indicadores de alerta sean aplicables y el gestor se encuentre para una especie e en la anualidad que gestiona a con un censo referencial base significativamente distinto del previsto por la ordenación (mayor o menor), deberá rehacer todo el cálculo estructural (de la especie *e* y, por razones interactivas, de las demás especies que puedan cazarse en el coto, para adecuar en su plan anual las capturas y los esfuerzos de caza ejecutados, a la realidad censal de su anualidad.

Los nuevos cálculos pueden modificar las previsiones iniciales de la ordenación cinegética para *e* durante *a* en dos sentidos: recortándolas o ampliándolas. En materia de caza se tiene una cierta propensión a recortarla con mucha facilidad ante cualquier incidencia negativa; pero no a ampliarla con igual facilidad cuando sea preciso hacerlo ante cualquier incidencia positiva. El *Principio de obligación*, por razones de sostenibilidad y desarrollo sostenible, obliga a usar y cazar cuanto se debe (todo lo que se debe u solo lo que se debe): unas veces será menos de lo previsto, pero otras veces deberá ser más.

Porque lo esencial es "dejar siempre lo que se debe (cuantía) y como se debe (impactos)", si puede asegurarse el proceso de convergencia y los estados ambientales en las anualidades peores, no siempre habrá razones bastantes para proponer sacrificios innecesarios (lucros cesantes) en las mejores; pues podrían terminar afectando al endogenismo económico del manejo e impactando en red ambientalmente sobre alguno/s de los valores usos y recursos presentes en el coto. En materia de medio ambiente, el pensamiento lineal es erróneo y hasta peligroso; porque los errores perversos acechan siempre y en todas las ocasiones: la lógica unidireccional, respecto al pensamiento lateral.

En el caso de las capturas, en una primera lectura podría parecer que bastaría con cazar hasta alcanzar el indicador de alerta previsto por la ordenación, dejando así los censos finales o el censo residual previsto; pero esta lectura podría ser demasiado grosera en el caso de especies tan difidentes y reactivas, como las cinegéticas, porque en ellas las cazabilidades finales y residuales sobre las que se han basado los cálculos de la ordenación podrían ser mayores o menores que la real en la anualidad a, lo que conduciría a una aplicación errónea de los indicadores de alerta. Por ejemplo:

1º/*Si la anualidad fuera "mala"*[77]. En este caso, el indicador de alerta se alcanzaría rápidamente y tras la aplicación de un escaso número de jornadas de cazador por unidad de superficie referencial cazada; cuando la reactividad de los individuos sería muy escasa todavía, y cuando, por tanto, la densidad poblacional en ese momento sería ya significativamente menor que la pretendida por la ordenación.

2º/*Si la anualidad fuera "buena"*. El indicador de alerta se alcanzaría tardíamente y tras la aplicación de un elevado número de jornadas de cazador por unidad de superficie referencial, cuando la reactividad sería ya muy elevada. La densidad poblacional seguiría siendo entonces mayor que la pretendida por la ordenación.

Cazar sobre una especie e la nueva tasa local de gestión calculada para a en su plan anual (TLGea), y siempre respecto a su censo referencial base de gestión en a (BDRGea), obliga también a recalcular para cada modalidad el número de jornadas de cazador ejecutadas físicas (NUEEFGeia), precisas para conseguir una presión de caza lo más próxima a uno que en cada caso sea posible. Cuando, en lógica consecuencia, varíe significativamente el NUEEFGeia por unidad de referencia espacial (reactividad) o bien

---

[77] *En realidad no hay ni buenas ni malas anualidades, simplemente la Naturaleza es como es (felizmente) y estas variaciones interanuales, como muchos otros sucesos aleatorios que puedan aparecer con mayor o menor frecuencia, forman parte vital de su ecosistémica: de su sano funcionamiento (CAPÍTULO 1).*

se modifique la duración de las temporadas (etología y fenología), pueden variar también las cazabilidades finales y residuales de la especie *e*. En estos casos, el gestor, en su proyecto de plan anual, tendrá que recalcular también las pertinentes cazabilidades y los consecuentes indicadores de alerta. Dada esta situación, es conveniente disponer de la debida informatización del algoritmo.

Conforme el rendimiento en número de piezas cobradas por jornada de caza ejecutada física (RNUCCFGeiatn) se vaya aproximando "peligrosamente" a los indicadores de alerta finales y a su Deatf, y sobre todo al residual y su Deatr, según especies y anualidades revisados o no en el plan anual (CAPÍTULO 9), deberá extremarse la atención del gestor sobre ellos y sobre los demás impactos de las actuaciones.

Consideraciones finales

Desde la perspectiva ecológica que hasta aquí hemos ido desarrollando y aplicando a la caza, cabe preguntarse: ¿Podría llegar a plantearse un mayor o mejor respeto al *Principio de precaución*? ¿Los demás valores, usos y recursos presentes en cualquiera de los demás espacios naturales (marinos o continentales, terrestres o acuáticos, protegidos o no), están sometidos a similares protecciones (legales, técnicas y científicas) a las que está sometida la caza en sus cotos?

Es obvio que, a efectos de sostenibilidad y de desarrollo sostenible, la caza lleva décadas de adelanto sobre el manejo de cualquiera de los demás valores, usos y recursos presentes en todo tipo de espacios naturales.

Por tanto, menos cultureta anticaza, y más seguir el paso de los que van por delante. ¡Y hablarán de ecología!

BIBLIOGRAFÍA

AENOR. 2014. *Criterios generales para la elaboración formal de los documentos que constituyen un proyecto técnico. Norma española UNE 157001:2014*. Aprobada y editada 18/6/2014. Madrid.

Common Ground Research Networks. 2022. "Enfoque e Intereses. Red de Investigación de Ciencias Sociales Interdisciplinares". https://interdisciplinasocial.com/acerca-de/enfoque-e-intereses.

Consejo de las Comunidades Europeas. 1992. "Directiva 92/43/CEE del Consejo, de 21 de mayo de 1992, relativa a la conservación de los hábitats naturales y de la fauna y flora silvestres". Diario Oficial de las Comunidades Europeas. n° L 206 de 22/07/1992 (pp. 0007 – 0050).

Consejo de las Comunidades Europeas. 2001. "Tratado de Niza por el que se modifican el tratado de la Unión Europea, los tratados constitutivos de las Comunidades Europeas y determinados actos conexos". Diario Oficial de las Comunidades Europeas (2001/C 80/01). (pp. 1-87).

Díaz Balteiro, Luis, y Carlos Romero López. 2008. "Valuation of environmental goods: a shadow value perspective". *Ecological Economics*.

Fernández Buey, Francisco Javier. (2004). "Filosofía de la sostenibilidad". Madrid. Curso de Ética y Filosofía Política (septiembre de 2004). Universidad Pompeu Fabra. Barcelona.

Fernández Buey, Francisco Javier. (2012). "Sustentabilidad: palabra y concepto". Madrid. *Revista Museos.es*. N° 7-8: 16-25. ISSN 1698-1065.

González, Fredy. 2005. "¿Qué es un paradigma? Análisis teórico, conceptual y psicolingüístico del término." Investigación y Postgrado. 20(1):13-54. https://www.redalyc.org/articulo.oa?id=65820102

Mac Arthur, R.H. & E. O. Wilson, E.O. 1967. The Theory of Island Biogeography. Princeton University Press. Princeton N. J. USA. 203 p.

Manion, Paul. D. 1991. *Tree disease concepts*. Prentice-Hall, Londres. (pp. 1-402).

Margalef, Ramón. 1977. *Ecología*. Ediciones Omega. Barcelona. (pp.1-951).

Mesón García, María Luisa y José Miguel Montoya Oliver. 1993. *Selvicultura mediterránea (El cultivo del monte)*. Madrid: Edita Mundi-Prensa (pp. 1-368). ISBN 84-7114-461-1

Ministerio de Medio Ambiente. 2.004. *La seca: el decaimiento de encinas, alcornoques y otros Quercus en España.* Madrid. Edita: Ministerio de Medio Ambiente. Dirección General para la Biodiversidad. ISBN 84-8014-562-5. (pp. 1-419).

Montoya Oliver, José Miguel. 1.981. "Técnicas selvícolas para el manejo piscícola". *Curso de Ordenación, conservación y aprovechamiento piscícola de embalses.* Madrid. Escuela Universitaria de Ingeniería Técnica Forestal.

Montoya Oliver, José Miguel. 1.991. "Una explicación a la mortandad de encinas y alcornoques". *Revista Quercus*, número 66. Madrid. Edita Colectivo Quercus.

Montoya Oliver, José Miguel. 1.995. "Si quien contamina paga..." *Revista Montes. Nº 40.* Editan: Asociaciones y Colegios Forestales. Madrid.

Montoya Oliver, José Miguel. 1999a. *El ciervo y el monte.* Mundi-Prensa Libros-Fundación Conde del Valle de Salazar (U.P.M.-ETSI de Montes). Madrid. (pp. 1-308). ISBN 84-7114-772-6.

Montoya Oliver, José Miguel. 1999b. "Las técnicas del bosque en la ordenación de la pesca marina". *Revista Montes nº 55.* Madrid.

Montoya Oliver, José Miguel. 2.004. "Ecología de las enfermedades del conejo". *Revista Caza y Pesca nº 700.* Abril 2004. Madrid. Edita Paul Parey España. (pp. 72-77).

Montoya Oliver, José Miguel. 2008. *Cinegética del conejo de monte.* Editan: FUCOVASA (Universidad Politécnica de Madrid) y Editorial "El Solitario". ISBN 9788493562380. (pp. 1-192).

Montoya Oliver, José Miguel. 1.997. "Restauración de los recursos del monte. Normalización a mínima y constante variación de ordenación". *I Congreso Forestal Hispano-Luso. Irati 97. Pamplona 1.997.* Edita Gobierno de Navarra. ISBN 84-235-1589-3. (pp. 193-199).

Montoya Oliver, José Miguel. 2013. *Pastoralismo.* Madrid. Edita Fundación Conde del Valle de Salazar. Universidad Politécnica de Madrid (UPM). ISBN 9788496442528 (pp. 1-149).

Montoya Oliver, José Miguel. 2020a. *Desarrollo sostenible desde los espacios naturales. II Sociología* (Serie: Ingeniería del desarrollo sostenible ODS 14 y ODS 15). Independently published. ISBN: 9798618353212. (pp. 1-106).

Montoya Oliver, José Miguel. 2020b. *Desarrollo Sostenible desde Los Espacios Naturales. III. Ecología* (Serie: Ingeniería del desarrollo sostenible (ODS 14 y ODS 15). <u>Independently Published</u>. ISBN: 979-8639918094. (pp 1-114).

Montoya Oliver, José Miguel. 2.020c. *Desarrollo Sostenible Desde Los Espacios Naturales. IV. Economía (Serie: Ingeniería del desarrollo sostenible (ODS 14 y ODS 15)*. <u>Independently published</u>. ISBN: 9798572631722. (pp 1-156).

Montoya Oliver, José Miguel. 2022a. "Manejo de medios oceánicos (ODS 14) y continentales (ODS 15) Tensión y aceptación social". *Revista Internacional de Sostenibilidad. Volumen 4, Número 2.* https://lasostenibilidad.com/revista. Publicado y Sostenido por Common Ground Research Networks. University of Illinois. ISSN: 2642-2719 (versión impresa), ISSN: 2642-2700 (versión electrónica) (pp. 49-62).

Montoya Oliver, José Miguel. 2022b. *Manual de caza sostenible. Porqué y cómo cazar*. <u>Independently Published</u>. ISBN: 979-8357128607. (pp. 1-139).

Montoya Oliver, José Miguel. 2.020c. *Desarrollo Sostenible Desde Los Espacios Naturales. IV. Economía (Serie: Ingeniería del desarrollo sostenible (ODS 14 y ODS 15)*. <u>Independently published</u>. ISBN-13: 979-8572631722. (pp 1-156).

Montoya Oliver, José Miguel, y María Luisa, Mesón García. 2002. *Manejo de especies migratorias: La tórtola común en España (Streptopelia turtur L.)*. Coeditan: Fundación Conde del Valle de Salazar (Universidad Politécnica de Madrid) y Mundi Prensa Libros. Madrid. ISBN 84-86793-88-2 y 84-8476-065-0 (pp 1-161).

Montoya Oliver, José Miguel, MA. L. Mesón García. 2.010. *El conejo de monte. Vida, costumbres y fomento*. Editan: FUCOVASA (Universidad Politécnica de Madrid) y Editorial "El Solitario". ISBN 9788493683672. (pp. 1-188).

Montoya Oliver, José Miguel, y María Luisa, Mesón García. 2004. *Selvicultura*. Coeditan Fundación Conde del Valle de Salazar (Universidad Politécnica de Madrid) y Mundi-Prensa Libros. Madrid. (pp. 1-1.142).

Montserrat Recoder, Pedro. 1972. "Estructura y función en los agrobiosistemas". Madrid. *Revista Pastos nº 1. Vol. 2. ETSI de Montes.*

Ortega y Gasset José. 1942. Prólogo al libro *Veinte años de caza mayor de D. Eduardo Figueroa Alonso-Martínez*, Conde de Yebes. Madrid.

Tellerías, José Luis. 1986. *Manual para el censo de los vertebrados terrestres*. Edita Raíces. Madrid (pp. 1-278).

Ussía Muñoz-Seca, Alfonso. 1988. *Manual del ecologista coñazo*. Edita: Temas de hoy. Madrid. ISBN 9788478809448. pp. 1-176.

Walton, R. J. 2003. "Imperativo Categórico y Kairós en la Ética de Husserl". Tópicos Asociación. *Revista de Filosofía. Santa Fe*: Universidad Católica de Santa Fe, N.º 011. pp. 5-21.